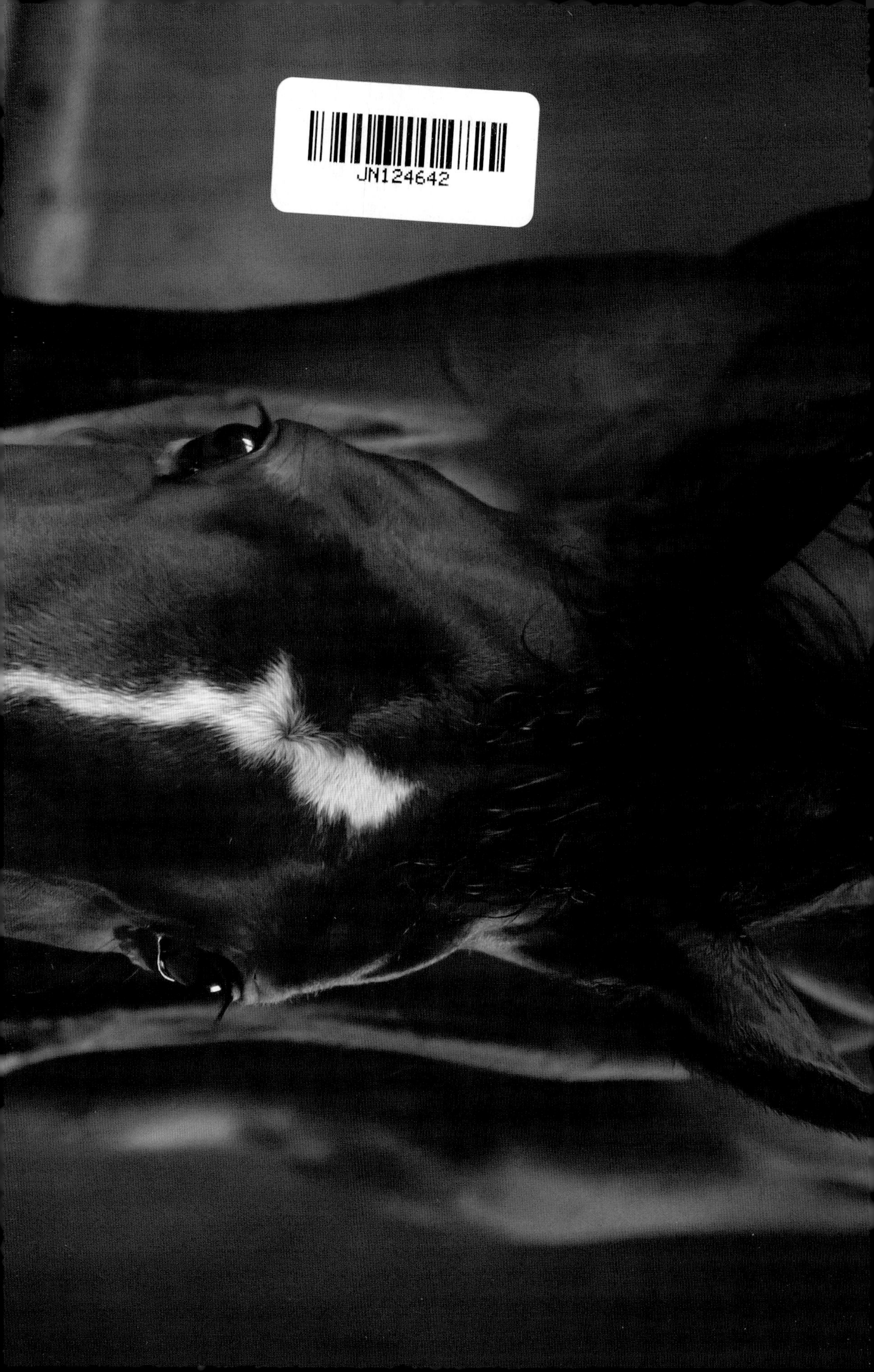

メイケイエール
公式ファンブック

メイケイエール
公式ファンブック

競馬王編集部 編

Northern Farm Shigaraki

Northern Farm Shigaraki

M
R

Ritto Training Center

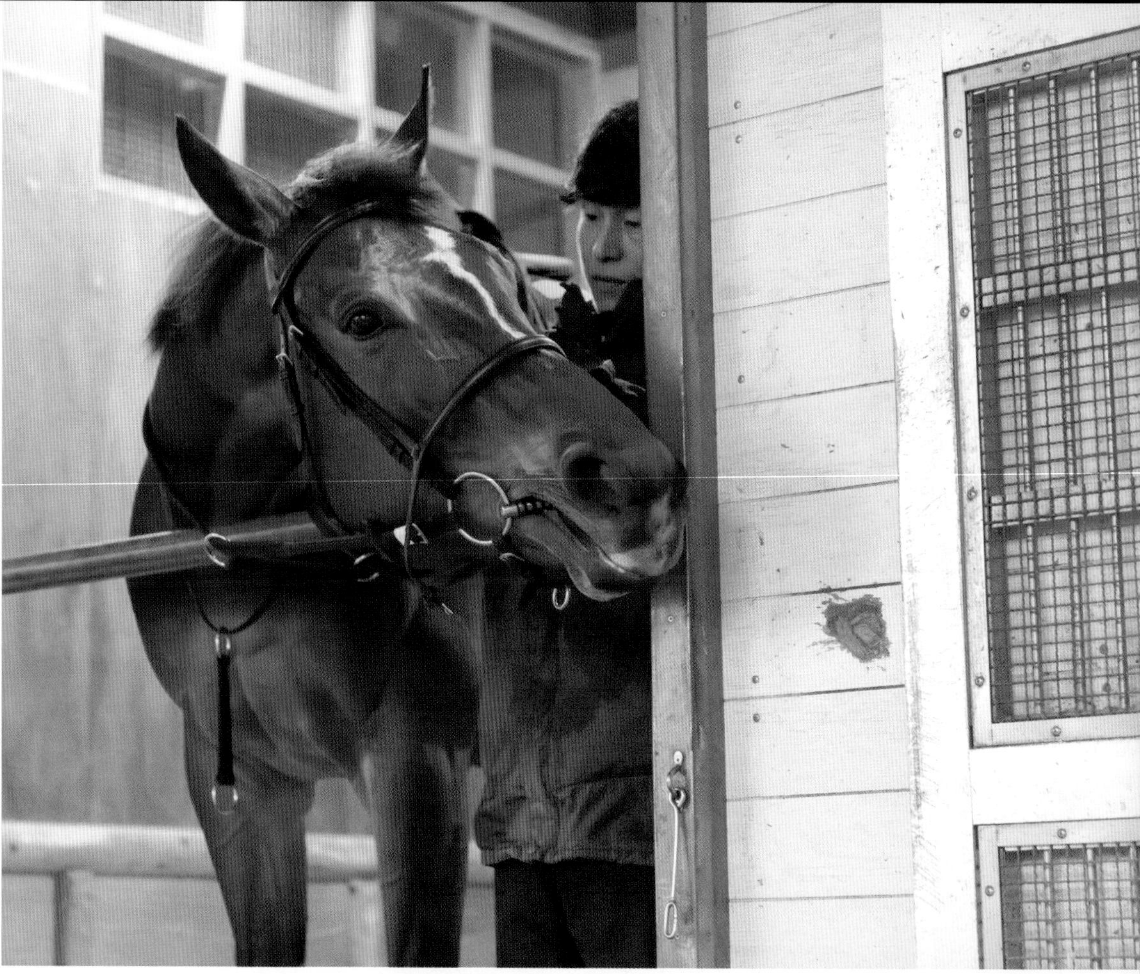

H.TAKE STABLE
SINCE 2018

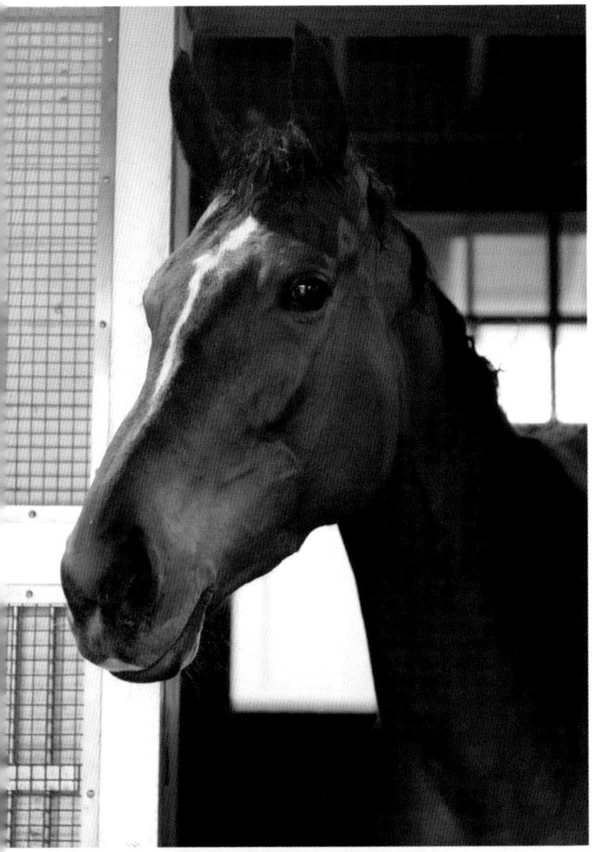

Ritto
Training Center

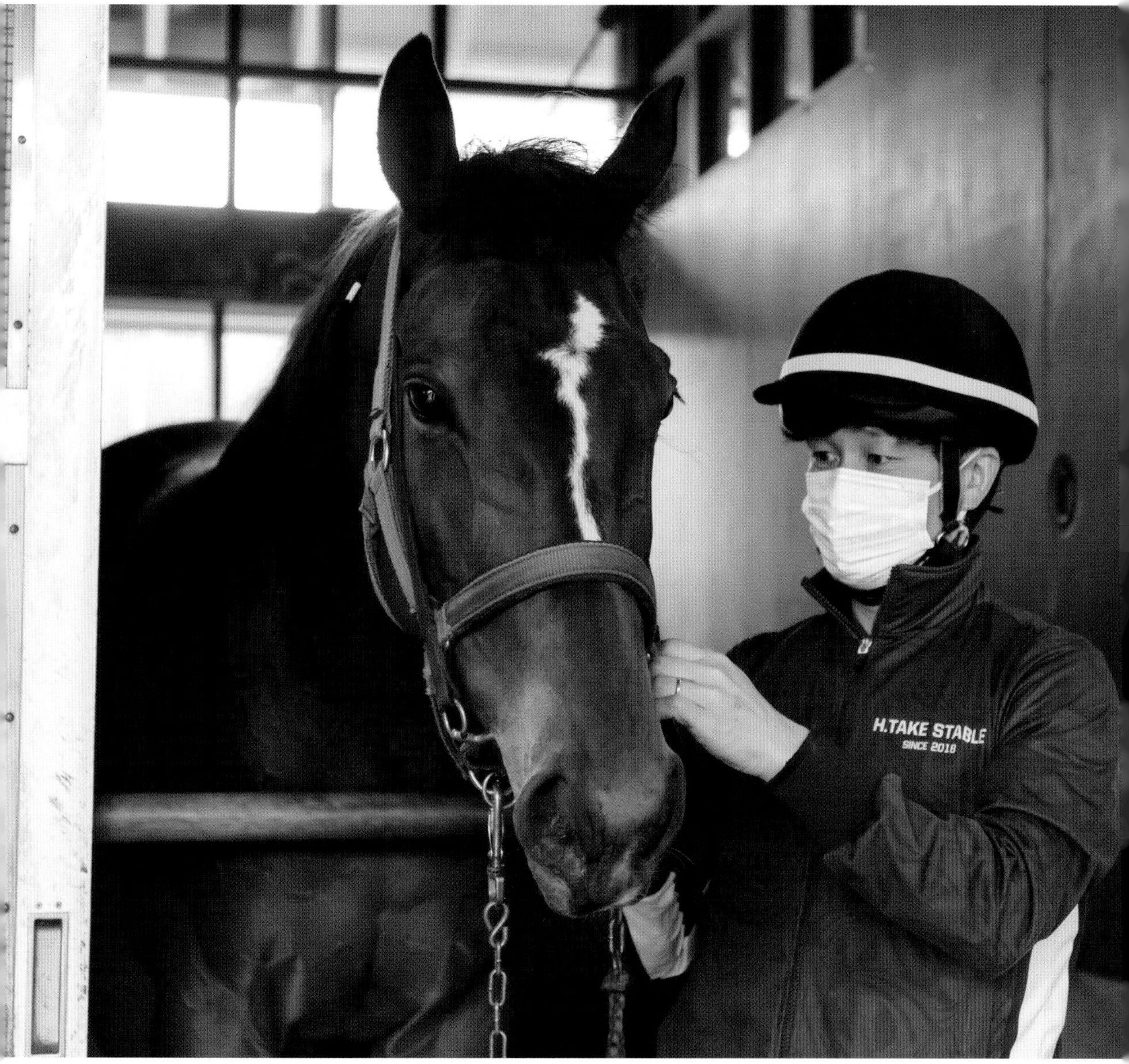

10
メイケイエール

ATHLETIC

18
メイケイエー

70
イエール

Ritto Training Center

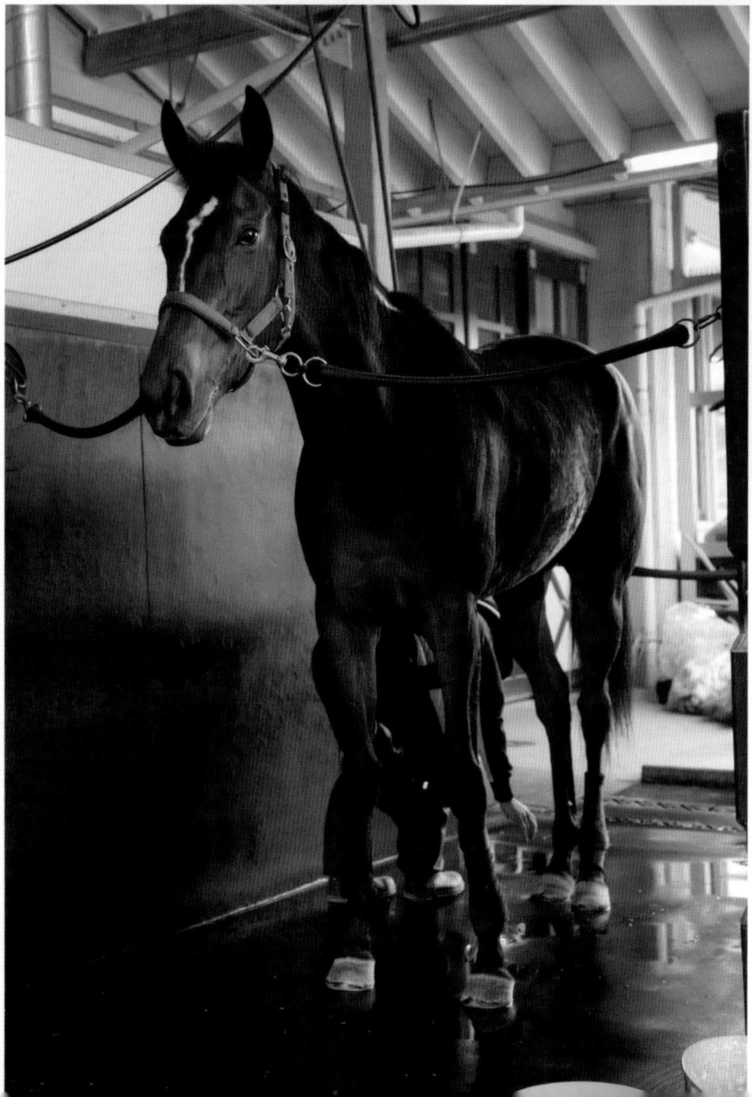

Ritto Training Center

15

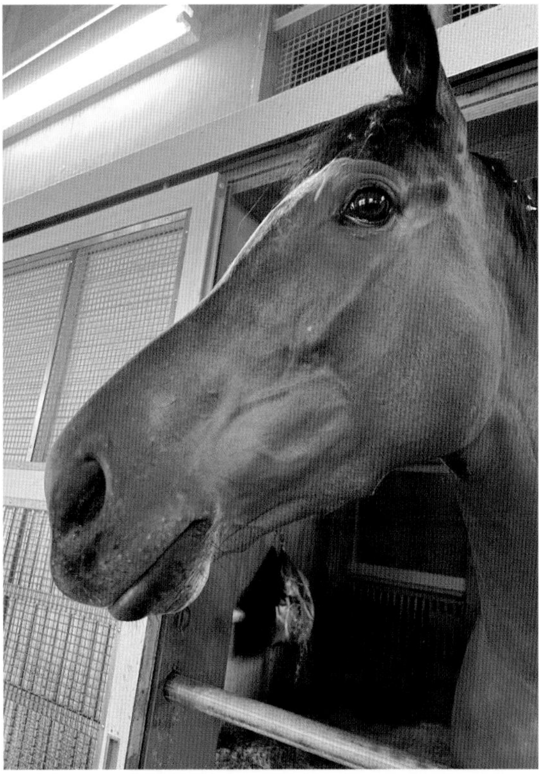

ヴィクトリアマイル
[GⅠ]
第17回
ヴィクトリアマイル
5/15
[SUN]

Race Tracks

@京王杯スプリングC

12
メイケイエール

4
スカイグルーヴ

5

5
メイケイエール

第三十六回
産經賞
セントウルステークス
2022

Race Tracks @セントウルS

Race Tracks

@香港スプリント

Race Tracks
@高松宮記念

2
メイケイエール
11R

2
メイケイエール
11R

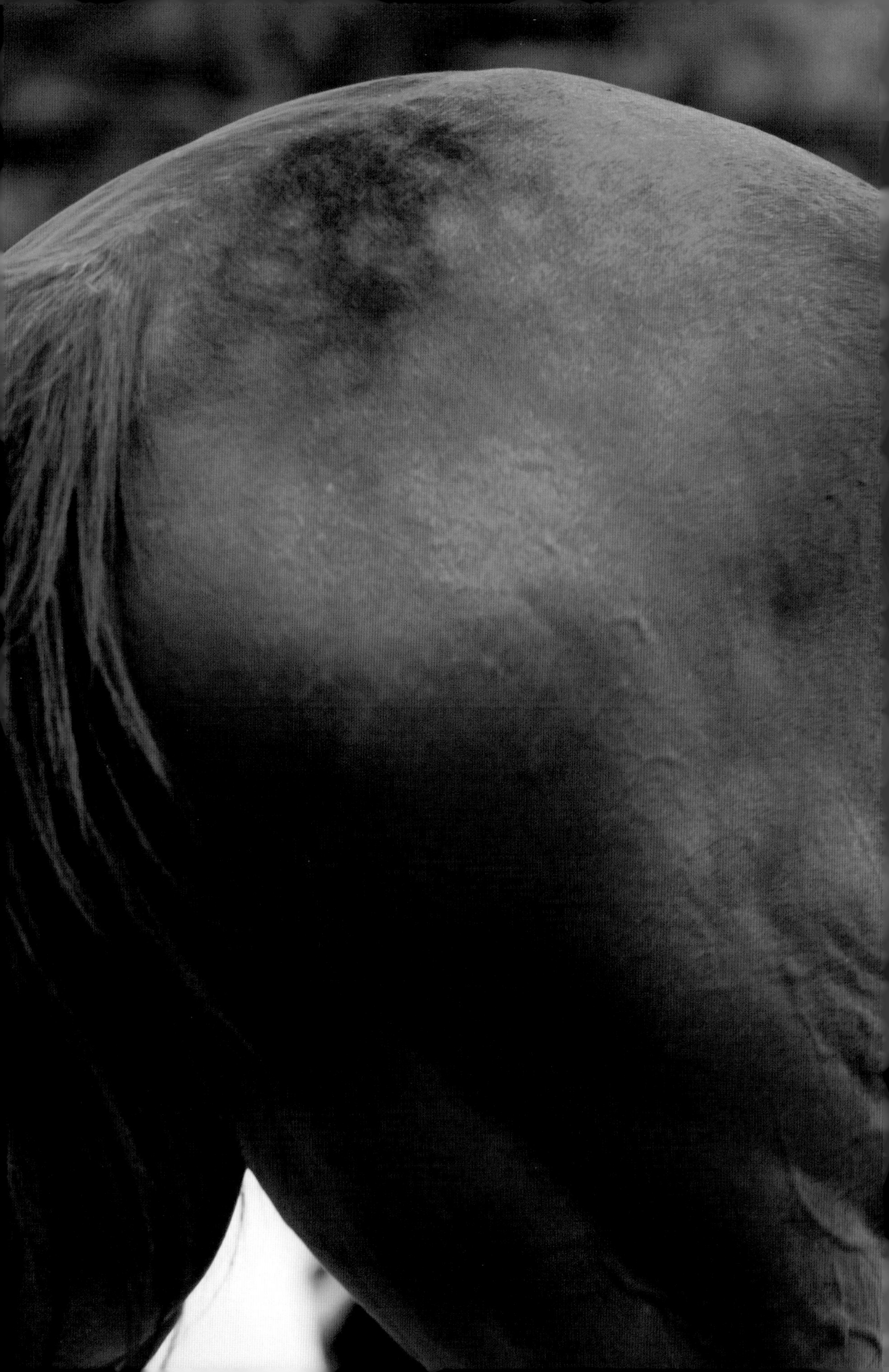

Race History

2020.8.22 新馬戦 小倉芝1200m

1着　福永祐一(1番人気)　1.09.4

のちにたくさんの人々から愛される少女は、誰もいない観客席の前でデビューを迎えた。気温33度を超えた真夏の小倉競馬場。コロナ禍による無観客開催が続いていた。

ただ、その一生懸命な走りは、画面越しに見た多くの競馬ファンへインパクトを与えたはずだ。発馬で立ち遅れたが、向正面では手綱を引かれても前へ前へと突き進む。その勢いのまま直線入り口で先頭へ並びかけると、ほぼ馬なりで5馬身差の圧勝をおさめた。

引き揚げてきた福永祐一騎手は、出迎えた吉田貴昭調教助手へ「モノが違う」と伝えたという。若駒のジャッジに長けた名手からの賛辞に、自信は深まった。「絶対に勝つ」と疑わなかった武英智調教師も、まずは胸をなで下ろした。1歳夏のセレクトセールで素質を見抜き、牝馬を探していたオーナーへ購入をお願いした1頭。それだけに思い入れも強かった。

「セールで見た時から品の良さは感じていました。スピードもそうですけど、やはり負けん気の強さというのが、この子の一番いいところかなと思います」

長所である一方で、短所にもなりえる〝全力疾走〟。それをいかにエスコートして勝利へ導くか。脚音だけが響く静かな競馬場で「チーム・エール」のチャレンジは大きな第1歩を踏み出した。

2020.9.6 小倉2歳S (GⅢ) 小倉芝1200m

1着　武豊(2番人気)　1.09.6

その愛らしい顔を泥だらけにしながら、初ものづくしの重賞制覇を果たした。中1週の臨戦過程、栗東トレセンから小倉競馬場への再輸送、ぬかるんだ重馬場。経験の浅い2歳牝馬にとって過酷な状況だったからこそ、雨の中での輝きが際立った。

一時は440キロ台まで減ったという馬体も戻り、当日は前走比2キロ減の460キロで登場した。残る懸念は台風の影響による道悪だった。武英智調教師も「跳びの大きい馬なので『これはちょっとまずいかな』と思いました」と案ずる中でゲートが開いた。発馬は最後方。頭を上げて行きたがり、ハミを噛んだまま中団へ。普通なら惨敗必至の窮地に陥った。

それでもめげない心と体を持っていた。長い四肢を伸ばして大外から加速。力強く差し切った。自身だけでなく、父ミッキーアイルにも、そして開業3年目の厩舎にも初めての重賞タイトルをもたらした。

トレーナーの再従兄弟(はとこ)にあたる武豊騎手は「ちょっと元気が良すぎて、抑えるのに苦労しましたね」と苦笑いしつつも「乗り味も抜群ですし、相当能力が高いと思います」と評価した。レジェンドさえも認めるポテンシャル。暗い雨雲の下で、明るい未来が見える一戦となった。

2020.11.7 (GⅢ)阪神芝1400m

ファンタジーS

1着　武豊（1番人気）　1.20.1（レコード）

初めての〝エール〟を背に、またしても抜群の身体能力を見せつけた。10月から無観客開催が一部解除され、この日の阪神競馬場には2073人の観衆が訪れた。声を出しての応援はまだ制限されていたが、ようやくファンの前に可憐な姿を披露することができた。

パフォーマンスもすさまじかった。勝ち時計はコースレコードを0秒3上回り、日本レコードをも0秒2更新する1分20秒1。ターフビジョンにタイムが表示されると、まばらな観客席からかすかにどよめきが聞こえた。

ただ、今回も我慢は利かなかった。1ハロン延長の1400メートル戦。序盤から制御が難しく、3コーナーではうなるようにして外から勝手にポジションを上げてしまった。武豊騎手は「なんとかなだめていたんですけど、なかなか抑えが利かなくて…。最後まで持つのは本当にすごいなと思いました。能力は高いですけど、明確な課題があるので、そこですね」と指摘した。

なぜ、あんなにも引っかかるのか？　その走りから誤解されがちだが、気性が荒くて暴走するわけではない。鞍上も「夢中になって走っていた」と振り返った通り、まじめすぎるがゆえに、ひたすら前にいる馬を抜かそうとしてしまう。そんな課題を残したまま、2歳女王決定戦へと駒を進めた。

2020.12.13 阪神ジュベナイルF

(GI)阪神芝1600m

4着　武豊(3番人気)　1.33.3

ついに迎えたＧＩ初挑戦では、同じ一族による無敗ヒロイン対決が注目された。立ちはだかったのは同じく3戦3勝の白毛馬ソダシだ。メイケイエールにとっては母シロインジャーの従姉妹にあたる。どちらも容姿端麗。競馬ファンは大いに沸き立った。

その一方で、大事なのは相手との戦いよりも自身との闘いだった。携わる誰もが、未知のマイル戦にも対応できるとはみていた。ただ、「普通に走れば」という条件がつく。その「普通」が難しい。武豊騎手も「すばらしいものを持っています。距離が持たないわけではなく、ペース配分ができればまったく問題のない距離」と見込んでいた。

強敵も自分も抑え込んで、差し切るかに見えた。白いバンデージをまとった四肢を懸命に伸ばし、大外から突き抜ける勢いで猛追する。だが、ゴール前の坂で脚勢が鈍ったところを、内から純白の馬体が抜け出していった。

0秒2差の4着。敗因はやはり折り合いにあった。序盤は後方で辛うじて我慢できていたが、3コーナーから前向きすぎる走りが出てしまった。大外枠で終始外を回らされたのも響いた。世界で初めて白毛のＧＩ馬が誕生した阪神競馬場で、同族対決は互いの毛色のようにくっきりと明暗が分かれた。とはいえ、女王の座は遠くないとも思わせる初黒星だった。

2021.4.11 桜花賞

(GI)阪神芝1600m

18着　横山典弘(3番人気)　1.34.0

クラシック初戦の3週間前に、アクシデントが起きた。メイケイエール自身ではない。その背に乗るはずだった武豊騎手が右足甲を骨折して、騎乗できなくなった。代わって白羽の矢が立ったのは横山典弘騎手。武英智調教師は「感性を生かして競馬をしていただけたら」と、百戦錬磨のベテランを鞍上に迎えた。

しかし、結果は厳しかった。後方で控えようとしたが、またしても行きたがった。前走のチューリップ賞と同様に3コーナーで先頭へ。直線を向いた時にはもう余力が残っていなかった。リベンジするはずだったソダシに並ぶ間もなくかわされ、18頭立ての最下位と大敗。春の目標だった大一番は最悪の着順に終わってしまった。

注目を浴びながら苦労を重ねる中で、既舎として一貫した方針がある。それは、メイケイエールを責めないこと。レース前の公式会見で、トレーナーはファンへ語りかけるように強調していた。

「競馬だけ見ていると、気性が激しいと思われがちなんですけど、普段はおっとりしたお嬢様気質のかわいい馬なんです。違う意味で『すごい馬だ』と言われるように、心からそれだけを考えてやっています」

そう、彼女は悪くない。敗れた後は故郷のノーザンファームへ放牧に出され、心身のリセットをはかることが決まった。

2021.3.6　(GⅡ)阪神芝1600m

チューリップ賞

1着(同着)　武豊(1番人気)　1.33.8

　これだけ笑顔の少ない重賞制覇も珍しい。レース後のインタビューで武豊騎手は首をかしげ、マスクの下で何度も「うーん」と繰り返した。辛口にならざるをえない。「まったく抑えが利かなかったので…。正直、ちょっとかっこ悪い勝ち方だったかなと思います」と歯切れが悪かった。

　最内枠からのスタートで馬群に包まれ、向正面ではもがくようにして頭を上げた。序盤3ハロン36秒3のスローペースに、ありあまる闘争心がおさまらない。他馬に接触する寸前で、無事に済んだのが幸運と思えるほどの危うい走りだった。3コーナーで進路を譲ってもらうようにして先頭へ。最後は根性でエリザベスタワーの追い上げをしのぎ、同着Vに持ち込んだ。スタートからゴールまで、良くも悪くも負けん気が全開となった。

　肉体面では確かな成長を見せていた。武英智調教師はレース前から「毛づやが本当にいいですね。去年は(冬毛が伸び)ぬいぐるみみたいだったので。背も伸びました」と手応えを口にしていた。しかし、肝心の精神面は…。「他の馬やジョッキー、既舎サイドに迷惑をかける形になって、反省点が多かったです」。手放しで喜べない重賞3勝目。課題を残したまま、本番の桜花賞へ駒を進めることになった。

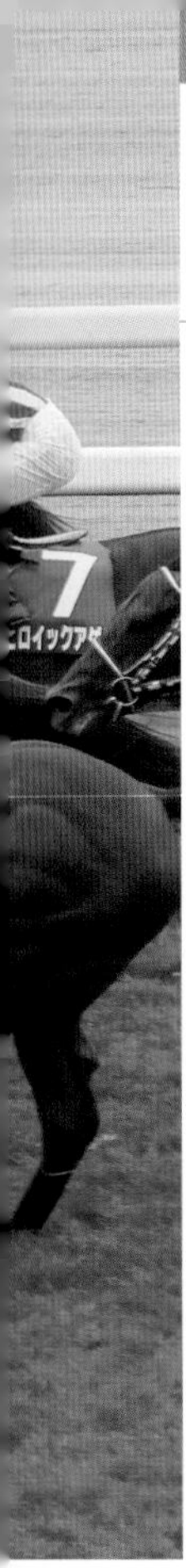

2021.8.29　(GⅢ)札幌芝1200m

キーンランドC

7着　武豊(1番人気)　1.09.4

リフレッシュした心と体で、4カ月半ぶりの再起戦に臨んだ。その効果は数字にも表れていた。前走比20キロ増の478キロ。放牧で立て直しただけでなく、武英智調教師いわく「キチキチにつくるのは避けたかったのでソフトな仕上げ」を施した。余裕残しとはいえ、ふっくらした体つきからは成熟が感じられた。

念願のGⅠ制覇へ、進むべき道は短距離戦線と定められた。キャリアの豊富な快速古馬たちへの挑戦となるが、臆することはない。桜花賞で「ハミ受け不良」とみなされたことから課された平地調教再審査も、レース前週に難なく合格していた。

結果として7着に敗れ、1番人気の支持に応えられなかったが、チームは悲観の色に染まらなかった。馬群で引っかかり、抑えきれずハナに立って失速。一見すると近走同様の負けパターンだが、指揮官は「窮屈になってぶつかり、スイッチが入ってしまいました」と分析した上で「いいところにおさまりかけていた」とも指摘した。

そう、下を向いてばかりではいられない。体調面についても仕上げきってはおらず、本番のスプリンターズSへ向けて良化の余地を残していた。GⅠでもきっと勝ち負けになるはず。連敗のトンネルを抜け出せなくても、顔を上げると少しずつ光が見えてきた。

2021.10.3　（GⅠ）中山芝1200m

スプリンターズS

4着　池添謙一（7番人気）　1.07.8

そして、手綱は彼へと託された。数々の癖馬を乗りこなしてきた池添謙一騎手だ。同日の凱旋門賞へ遠征した武豊騎手に代わり、その背にまたがった。調教で「難しい女の子ですね」と第一印象を口にした仕事人は「いかにコントロールするか。任されたジョッキーとして応えたい気持ちはあります」と意気込んだ。

前走のキーンランドCで見えた気がした光明は、やはり幻ではなかった。3歳を迎えてからの3戦は4コーナーまでに先頭に立って失速するパターンが続いていたが、今回は辛うじて中団で抑えて直線を迎えた。イン有利の馬場で外を回っての4着。連敗は3まで伸びたが、手応えのある敗戦だった。

池添騎手にとっては恐怖さえ感じる初騎乗だった。「頭を上げて左右に振るので、手綱を引く力が左右へ逃げて引っ張れない。しかも前を見てないので、どこへでも突っ込んで行ってしまう。怖かったです。25年やってきて、あのタイプは初めて」と冷や汗をぬぐった。スイープトウショウやオルフェーヴルをはじめ、名だたる荒馬を御してきた腕達者でも、未体験の難しさだった。

これで3歳シーズンは幕を閉じた。4戦1勝。内容も結果も伴ったレースはなく、もどかしいばかりの1年だった。それでも、素質のつぼみはいよいよ花を開かせつつあった。

2022.1.30 （GⅢ）中京芝1200m

シルクロードS

1着　池添謙一（2番人気）　1.08.1

会心の１勝だった。ゴール後に拳を振り下ろすようにして激情を表した池添謙一騎手の姿が、この勝利の価値を雄弁に物語っていた。

「厩舎陣営がこの馬を立て直そうとして、それを僕も聞いてましたし見てましたし、前哨戦ですけど、まず報われてよかったとホッとしました」

温めてきた秘策をついに試した。折り返し手綱だ。ハミと腹帯をつなぎ、頭を上げられないようにする。効果が強いため、未成熟な３歳の肉体には負荷が大きすぎるとして使ってこなかった。成長を見極め、４歳初戦でいよいよ解禁。調教でも効力が確認できた。当初は発走直前に外す予定だったが、レース数分前に使用を決断したという。

果敢な騎乗だった。腹をくくって発馬から手綱を押し、好位をとりにいった。前に馬がいても我慢させ、メイケイエールも耐えた。後方待機組が上位を占めた中で、先行して押し切る完勝だった。

その顔にはパシュファイヤーが着けられ、愛くるしい瞳をファンに見てもらうことはできなくなった。それでも、数千人の観衆からは大きな拍手でたたえられた。「今日は本当に上手に走ってくれたと思います」。笑顔ばかりが並んだ表彰式は、いつ以来だろうか。ずっと目指してきた頂点が今、はっきりと見えてきた。

2022.3.27 中京芝1200m (GI)

高松宮記念

5着　池添謙一（2番人気）　1.08.4

天が味方してくれなかった。勝敗を分けたのは前日の雨だ。17番枠を引いたメイケイエールには幸運かと思われた。武英智調教師も「土曜の雨で内が荒れれば中京は外が伸びる。恵みの雨になれば」と希望を抱いていた。だが、当日の晴天によって水はけの良い内側から馬場が乾き、イン有利の傾向が強くなった。

そんな悪条件の中で、健気な走りを見せてくれた。道中は中団外でなだめられて辛抱。蹴り上げる芝の塊が飛び交う中で、長い脚を伸ばして外から目を引く勢いで追い上げた。わずか0秒1差の5着。あと10メートルあれば―。もう少し内の枠だったら―。池添謙一騎手も「外から伸びてきたのは、この馬だけ」とねぎらった上で「枠順が大きかったですね。運がなかったです」と肩を落とした。

この頃になると、その実力だけでなく人気もＧＩレベルになろうとしていた。厩舎のポストには毎日のように手紙やお守りが送られてくる。トレーナーも「ファンレターの数はえぐいですよ。人間でも『手がかかる子の方がかわいい』って言いますもんね。これだけ思ってもらえる馬は、そうそういないと思います」と感謝を口にする。そんな期待をひしひしと感じるからこそ、なんとかして頂点へ導いてやりたい。念願達成への思いは募るばかりだった。

2022.5.14 京王杯スプリングC

(GⅡ) 東京芝1400m

1着　池添謙一(1番人気)　1.20.2

大目標のGⅠ制覇を見据え、1段のステップアップへトライした。1ハロン延長だ。1200㍍を超える距離への出走は前年の桜花賞以来1年1カ月ぶり。武英智調教師は「馬混みで我慢できるようになってきているので、慎重に1400㍍、1600㍍と延ばしていけたら」と意図を説明した。いわば夏休みを前にした上半期の〝期末試験〟となった。

決して簡単ではなかった。向正面から3コーナーにかけ、折り返し手綱が張るほどに頭を上げた。「いや〜、きつかったですね。1ハロン違うだけで…」。汗まみれになった池添謙一騎手は、顔をしかめて振り返った。

それでも勝ちきってしまう。中団から抜け出して後続の追い上げをしのぐと、1万人超の観客から拍手でたたえられた。鞍上もあらためて能力と課題を実感した。

「GⅠを獲れるレベルの馬だとずっと思っていましたし、あとは、そのタイトルだけ。やっぱり折り合いが本当に大事になってきますし、この馬にとっては一生つきまとうテーマだと思います」

ゆくゆくはマイルGⅠも選択肢に入れるのか。今後の進むべき道を決める判断材料となる一戦で、満点をつけられなくても一定の結果は出した。重賞5勝目にしてなお通過点。目指す場所はさらに上にある。

2022.9.11 セントウルS

(GⅡ)中京芝1200m

1着　池添謙一(1番人気)　1.06.2(レコード)

かつての天才ガールが、レディーの走りを見せた。たてがみの編み込みを躍らせ、ラスト100メートルは独走。ゴールでは追う手綱が止まるほどの余裕があった。2馬身半差、メンバー最速の上がり32秒9、そして1分06秒2のレコード。あらゆる数字が完勝を示していた。

何よりも直線を向くまでの過程に進歩が見られた。右手を挙げて検量室前へ引き揚げてきた池添謙一騎手は「折り合いに関しては、勝負どころで少し動かしていかなきゃいけないぐらいの追走でしたし、今日は楽でした」と目を細めた。ゴール直後には横山典弘騎手から「たいしたもんだ」と褒められたという。その難しさを知る熟練の名手からの言葉が胸に響いた。

武英智調教師はセールで滞在中のアメリカから画面越しに見守った。「外めの位置どりで折り合ったのは初めて。GＩ獲りに王手という感じですね」。真夜中の現地で目が覚めるほどの喜びを味わった。その全身には鳥肌が立ったという。

完成期を迎えたのは精神面だけではない。その体形はより脚長になったように映った。4カ月ぶりの実戦で体重は14キロ増。主戦騎手は「追い切りでも太め感はなかったですし、成長分だと思います」と評価した。心身ともに充実の4歳秋。「いい形で本番を迎えられます」。3週間後の戴冠がいよいよ現実味を帯びてきた。

（上段右）ゴール前抜け出すメイケイエール。　（上段左）掲示板に輝くレコードの文字。自身２度目のレコード勝ちとなった。　（中段）レース後、ファンから喝采を浴びる。

2022.10.2 スプリンターズS

（GI）中山芝1200m

14着　池添謙一（1番人気）　1.08.7

なぜ…？　かつてない敗戦に、首をひねるしかなかった。GＩでは自身初の1番人気を背負いながら、結果はまさかの14着。しかも、それまでの黒星とは違う不可解な失速だった。

折り合いがつかず暴走気味になって負ける従来の悪癖とは異なり、道中で我慢は利いているように見えた。だが､いざ直線で追い出しても反応してくれない。場内実況が「メイケイエールは苦しい、後方になった！」と叫ぶ。みるみる馬群に沈んでいった。

「ギアが入る感じがまったくなくて。下がっていくだけというのは初めてで…」

肩を落とした池添謙一騎手も困惑するしかなかった。わからない。レコードVからの中2週、オーバーワーク、当日のイレ込み――。結果論とはいえ、いくつかの敗因が挙げられた。いずれにせよ、期待が大きかった分だけ落胆も重かった。

4着に終わった1年前のリベンジへ、万全の態勢を整えたはずだった。レース前の会見で武英智調教師は「前回（セントウルS）もキチキチに仕上げたわけではなかったですし､レース後もテンションが高くなることなく穏やかでした。1戦1戦で成長して、去年とは何もかも違います」と手応えを口にしていた。それなのに…。GＩの高い壁、そして競馬の難しさをあらためて思い知らされた。

（上段右）レースではらしさが見られず14着に沈んだ。 （上段左）パドックではいつもと変わらない落ち着いた気配を見せていた。 （下段左）返し馬に向かうメイケイエール。

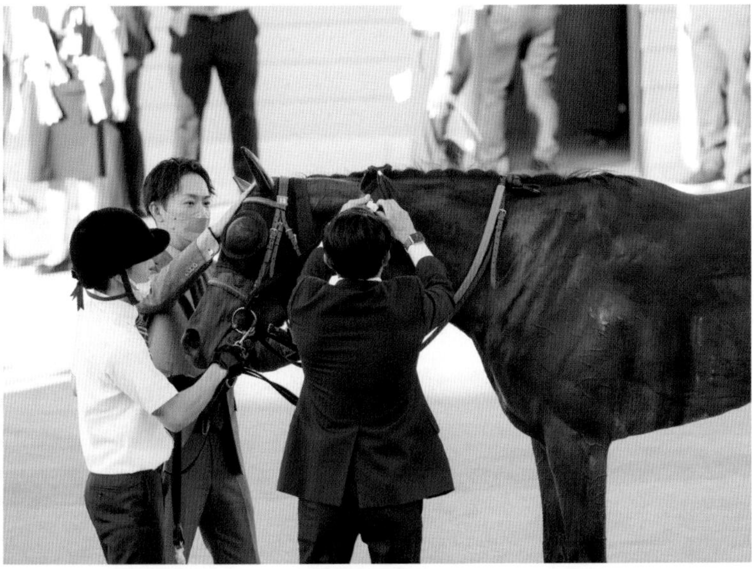

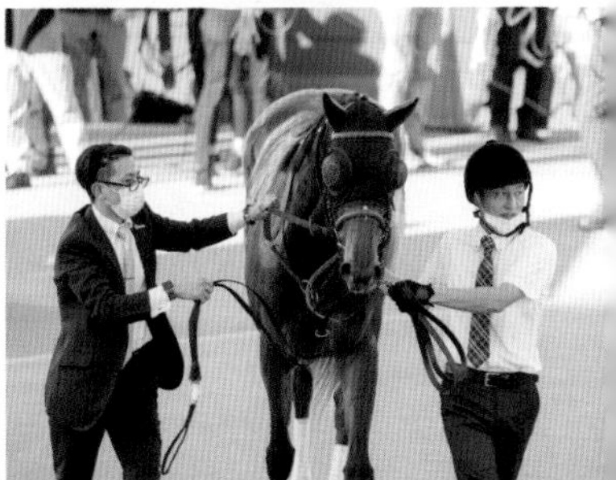

2022.12.11 香港スプリント

(GI)シャティン芝1200m

5着　マクドナルド(2番人気)　1.09.0

海外デビューを果たしたメイケイエールの背に、いつもの姿がなかった。その2週間前に池添謙一騎手が落馬により腰を骨折。愛馬の手綱を握るため、あらゆる可能性を探ったが、全治半年で要手術と診断されては断念せざるをえなかった。代わって馬上にはオーストラリアの豪腕ジェームズ・マクドナルド騎手がまたがった。

身にまとう装いにも異変があった。素質開花を助けた折り返し手綱は、主催者によって使用が認められなかった。施設や気候をはじめ、何もかもホームとは違う。つき添った吉田貴昭調教助手も「環境の変化が(検疫入りと香港到着で)2回もあって慣れるまでに時間がかかりました」と振り返る。

そんなアウェーの窮地で全力の走りを見せた。さすがに抑えが利きづらく、中団後方から3コーナーで好位まで上がったが、直線では先頭に並びかけ、後続にかわされてからも踏ん張った。出走4頭中3頭がＧＩ馬の日本勢で最上位の5着。世界の快速馬が集う頂上決戦で底力は示した。

代役を務めた鞍上からも「よく走ってくれました」と称賛された。まったく見せ場がなかったスプリンターズSと比べれば前進は感じられた。4歳の22年は6戦3勝。浮き沈みの大きかった1年は、再起への光明を見いだして幕を閉じた。

（上段右）レースでは折り返し手綱が使用できない中、テン乗りのマクドナルド騎手に導かれて日本馬最先着の５着と健闘。（上段左）吉田助手に曳かれてレースに臨むメイケイエール。（下段左）枠順抽選会でのワンシーン。（下段中）香港スプリント表彰式。（下段右）香港到着後も落ち着き払っている様子のメイケイエール。

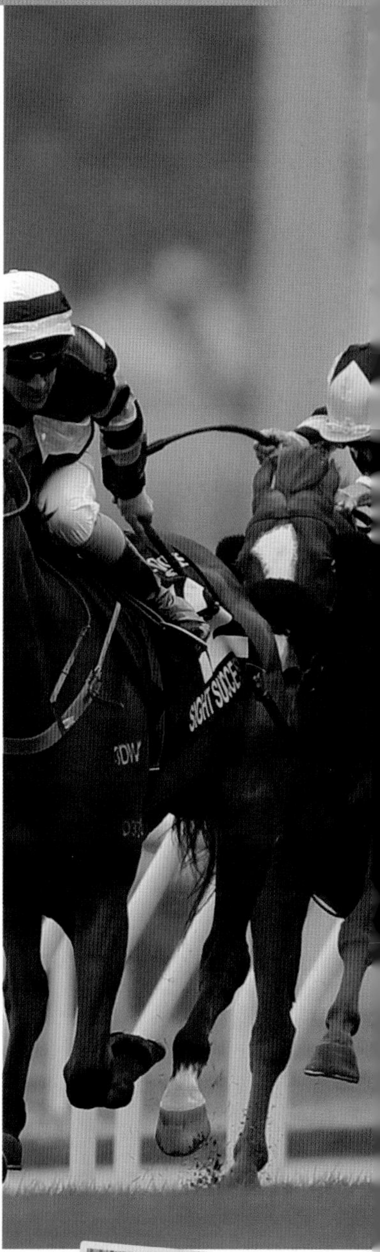

2023.3.26 高松宮記念

（GⅠ）中京芝1200m

12着　池添謙一（1番人気）　1.12.6

愛馬とともに泥まみれで引き揚げてきた池添謙一騎手は、ぬかるんだ芝へ視線を落とした。1秒1差も離された勝者がかすむ12着。1年前に続いて雨に泣かされた。

「馬場に脚をとられるところがありました。跳びが大きくてきれいな走りをするので。去年は外枠でしんどくて、今年は内枠でしんどかったです」

前日からの雨はやむどころか強くなり、芝は不良まで悪化した。良馬場なら絶好と思われた5番枠は、荒れたインを通らされる不利な条件へと変わった。折り合いは許容範囲。だが、水が跳ねるほどの道悪で、もがくようにして沈んでいった。

鞍上は並々ならぬ思いで大一番に臨んでいた。前年11月末に第12胸椎破裂骨折を負い、全治半年と診断された。それでも、手術翌日には立ち上がり、リハビリを始めた。1日でも早く馬上へ――。傷ついた体を奮い立たせたのは2つの目標。2月の父兼雄調教師の定年と、3月の高松宮記念だった。

「1番人気に支持していただいて、結果を出すことしか考えてなかったので…。申し訳ない気持ちでいっぱいです。ほんの少し運が向いてくれたら、ＧⅠタイトルを獲れる馬なんですけど」

人事は尽くした。足りないのは運だけだった。無情の雨は、その日の夜まで降り続けた。

5
メイケイエール

中京 第11R 1200m 芝
高松宮記念
(GI)
枠番 馬番 馬名 馬体重 前回差
騎手 負担重量
1 トゥラヴェスーラ
2 ウォーターナビレラ
3 キルロード
4 ダディーズビビッド
5 メイケイエール
6 ナランフレグ
7 ヴェントヴォーチェ
8 ロータスランド
9 ディヴィナシオン
10 オパールシャルム
484 -12
470 -16
502 - 6
512 - 2
486 + 9
492 - 6
520 + 6
484 + 8
478 + 6
476 -10
丹内
吉田 隼
和田 竜
秋山 真
池添
丸田
西村 淳
岩田 康
松本
58.0
56.0
58.0
58.0
56.0
58.0
58.0
56.0
11 ピクシーナイト
12 アグリ
13 ファストフォース
14 トウシンマカオ
15 ナムラクレア
16 グレナディアガーズ
17 ボンボヤージ
530 + 2
492 - 4
518 - 8
462 - 4
466 - 6
468 - 6
単勝 WIN

5
メイケイエール

2023.6.4 **安田記念**

（GI）東京芝1600m

15着　池添謙一（12番人気）　1.32.7

実に2年2カ月ぶりとなった1600メートル挑戦は、3週間前に実現するはずだった。当初の予定はヴィクトリアマイル。その追い切りまでは順調だった。しかし、直後に左前脚のフレグモーネが判明。体温や血液検査に異常はなかったが、無理をさせずに回避が決断された。幸いにも回復は早く、安田記念への転戦となった。

新しい取り組みにもトライした。当週に追い切りを行わない。心身ともに追い詰めすぎず、本番で全力を発揮させるためだ。さらにレースでは、抜群の前進気勢を生かして主導権を奪う策も用意された。

残念ながら今回も歯車は噛み合わなかった。池添謙一騎手は「立ち遅れてしまって、逃げることすらできなくて。思ったより折り合いはつきましたけど、最後は気持ちの部分でやめているところがありました。落鉄もあったし、いろいろ影響したと思います」と振り返る。レース後には蹄球部（蹄の裏）の外傷も見つかった。8度目のGＩでも壁は破れなかった。

そのチャレンジはまだ終わらない。今秋はスプリンターズSだけでなく、アメリカのBCへ遠征するプランもある。なんとしても頂点へ――。携わる誰もが、そしてファンが願っている。長い四肢が目を引く美しい体つきに、GＩの優勝レイはきっと似合うはずだ。

(上段右) レースでは落鉄に加え、蹄球部の外傷などもあり力を発揮できずに大敗。秋競馬で捲土重来を期す。
(上段左) レース当日、芝の状態を確かめる池添騎手。　(下段左) 返し馬では上々の動き。

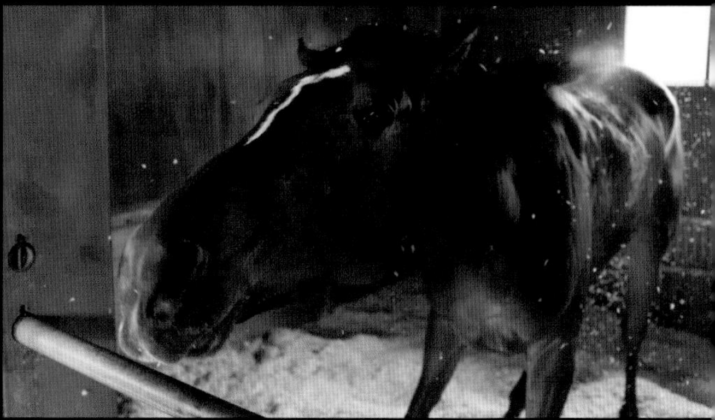

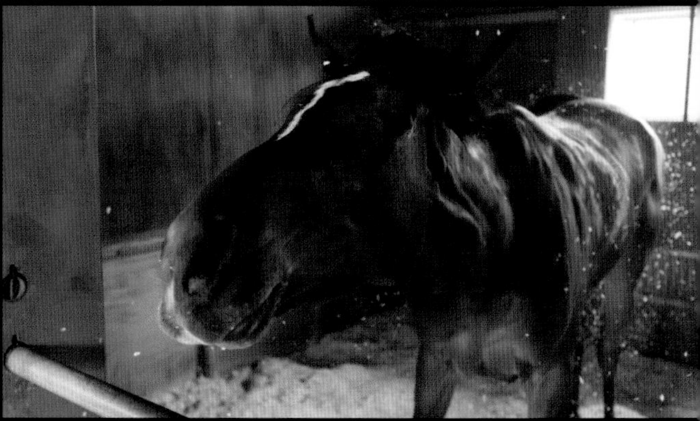

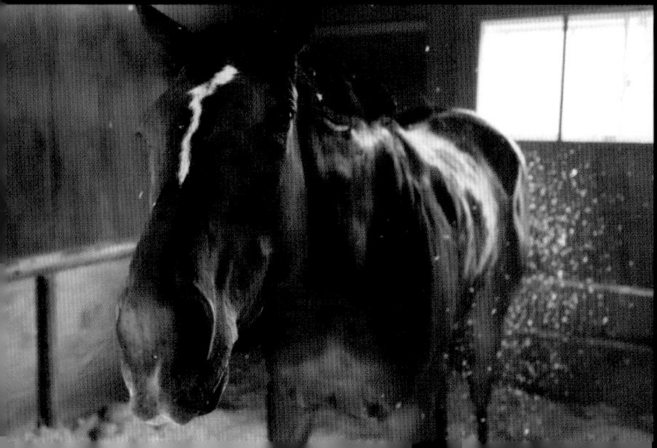

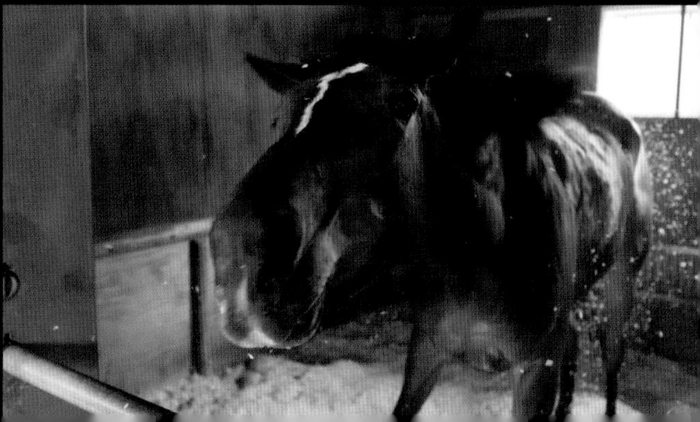

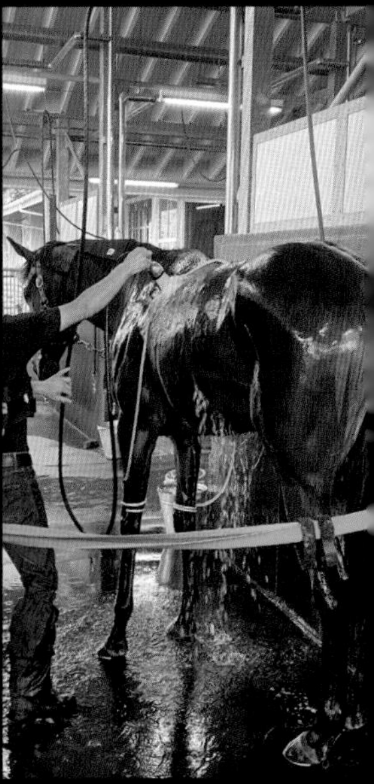

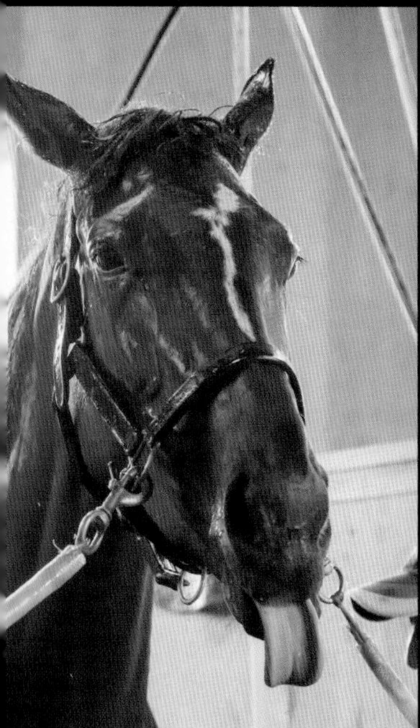

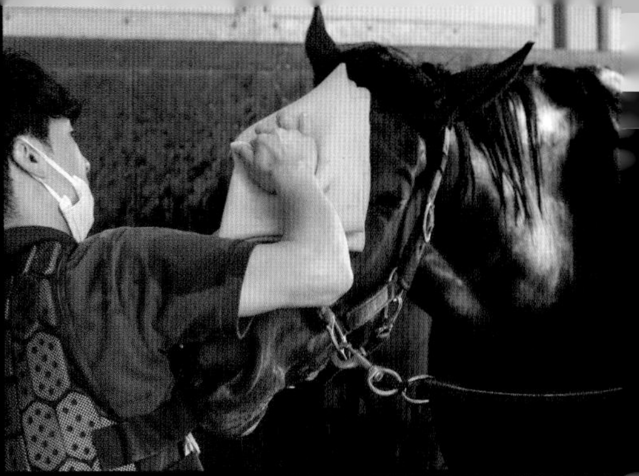

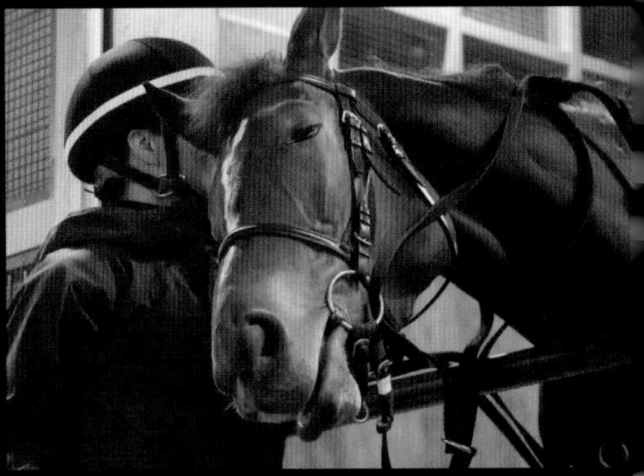

ELL

メイケイエール
2018.2.23生
牝　鹿毛

治郎丸敬之の馬体評論

メイケイエールが牡馬に生まれていたら、今ほどの快足ぶりを見せてはいなかっただろう。仮定自体がナンセンスなのは百も承知だが、父ミッキーアイルの産駒はそれほどに牡馬と牝馬でタイプが全く異なるのだ。産駒は基本的には大きく出て、牡馬だと500kgを優に超える大型馬になりやすい。筋肉量が豊富であることによって手先が重く、ダートを中心に活躍するタイプが多い。対して牝馬は、生物学的にも牡馬ほど馬体が大きくならないため、パワーに偏ることなく、スピードを生かして芝の短距離レースを得意とするタイプになる。

メイケイエールは2歳時に462kgでデビューし、古馬になって馬体が成長してからは480kg台の馬体重で走っているように、牝馬としては平均よりもやや大きいぐらい。決して大型馬ではない。芝のスピードレースを走るためには、大きすぎも小さすぎもせず、ちょうど良いサイズ。また、筋骨隆々ではなく、牝馬らしい線の細さも残しつつ、馬体全体のフレームが伸びやかな馬体である。この筋肉量のバランスと適切なサイズ感、そして伸びやかさが彼女の走りを支えている。メイケイエールは牝馬に生まれたことによって、父から譲り受けたスピードを殺さず、パワーと軽さを兼備した究極の馬体を手に入れたのである。

さらに深く踏み込んでゆくと、メイケイエールの馬体は父ミッキーアイルの母系由来である。ミッキーアイルの母の父ロックオブジブラルタルは“The Rock”の愛称で親しまれたパワーとスピードに秀でた名馬であり、さらに母系を辿ってゆくと数々の活躍馬を出す名牝ステラマドリッドがいる。とにかく馬格があって、スピードと前進気勢に富んでいる牝系である。ミッキーアイルは母系由来のスピードとパワー、前進気勢をその父ディープインパクトにより引き出されて走った馬であり、種牡馬となってからは自身の特性を産駒に強く伝えている。

最後に、メイケイエールのスポーツカーのような馬体を動かしているエンジンは、コントロールが難しいほどの前進気勢である。父の母系から脈々と伝わる、最大の武器である前へ前へと行こうとする強い気持ちが、彼女を激しく突き動かしているのは間違いない。その気持ちが失われてしまったとき、彼女の馬体は単なるサイズ感の良い一般車へと化してしまうだろう。メイケイエールが騎手の制止を振り解いても走ろうとする姿を私はいつまでも見ていたい。サラブレッドの肉体と精神はつながっているのだ。

治郎丸敬之　競馬の雑誌「ROUNDERS」編集長。週刊Gallopにて「超・馬券のヒント」、一口馬主DBにて「馬体の見かた講座」、キャロットクラブ会報にて「馬体から未来を占う」を連載中。競馬の持つ様々な魅力を広く伝えることをモットーとしている。

評論家&関係者が語る

メイケイエールに関するエトセトラ

ミッキーアイル 2011 鹿毛	ディープインパクト 2002 鹿毛	サンデーサイレンス 1986 青鹿毛
		ウインドインハーヘア 1991 鹿毛
	スターアイル 2004 鹿毛	ロックオブジブラルタル 1999 鹿毛
		アイルドフランス 1995 鹿毛
シロインジャー 2013 白毛	ハービンジャー 2006 鹿毛	Dansili 1996 黒鹿毛
		Penang Pearl 1996 鹿毛
	ユキチャン 2005 白毛	クロフネ 1998 芦毛
		シラユキヒメ 1996 白毛

MEIKEI Y

馬主	名古屋競馬株式会社
調教師	武英智
生産者	ノーザンファーム
生産地	北海道安平町
戦績	16戦7勝【7-0-0-9】※海外1戦0勝含む
獲得賞金	3億1306万円

（※2023年8月末現在のデータです）

栗山求の血統評論

2023年にわが国で供用されたディープインパクトの後継種牡馬は40頭。そのなかで、現役時代のマイル戦におけるスピード能力という点では、ミッキーアイルがナンバーワンであったと思います。

ＧＩのマイルチャンピオンシップとNHKマイルCを逃げ切るなど6つの重賞を制覇。2歳ナンバーワン決定戦の朝日杯フューチュリティSは、出れば確勝と見られていました。デビュー2戦目の京都未勝利戦（芝1600m）を「1分32秒3」というJRA2歳レコードで圧勝していたからです。しかし、抽選漏れのため出走することは叶わず、前日に組まれた同距離のひいらぎ賞に回らざるをえませんでした。ミッキーアイルはこれを楽勝。勝ちタイムは朝日杯を0秒5も上回りました。もし朝日杯に出走していたら勝っていた可能性が高いでしょう。ちなみに、芝1600m1分32秒3のJRA2歳レコードは、10年後の現在にいたるまで破られていません。

ミッキーアイルが持つ天性のスピードを、最良の形で受け継いだのが娘のメイケイエールです。父の前向きな気性をさらに強化して受け継ぎ、引っ掛かり癖という懸念点を抱え込むことになりましたが、それでいて6つの重賞を制覇しているのですから、破格の潜在能力の持ち主といえるでしょう。ファンタジーSで樹立した阪神芝1400m1分20秒1の2歳レコードタイムは、JRA2歳レコードでもあります。つまり、芝1600m、1400mのJRA2歳レコードは、ミッキーアイルとメイケイエールの親子が保持しているわけです。

白毛で知られるシラユキヒメのファミリーに属し、近親にソダシ（桜花賞、阪神ジュベナイルフィリーズ、ヴィクトリアマイルなど重賞6勝）、ハヤヤッコ（函館記念）、ユキチャン（関東オークスなどダート重賞3勝）がいます。ユキチャンはメイケイエールの2代母（母の母）にあたり、名マイラーのソダシと4分の3同血の関係にあります（父が同じで、母同士が親と子の関係）。

もともとこのファミリーはダート色が強かったのですが、代を経るごとに芝向きに転化し、とくにソダシのようなマイラーが目立っています。メイケイエールは鹿毛なので、ファミリーのトレードマークである白毛は受け継がなかったものの、稀代のスピード馬として大成しました。もちろん、繁殖牝馬としても大きな期待が掛けられる存在です。産駒はおそらく抜群のスピードと前向きな気性の持ち主でしょう。

栗山求　大学在学中に競馬通信社入社。退社後、フリーライターとなり「競馬王」他で連載を抱える。緻密な血統分析に定評がある。主な著書に「血統史たらればなし」（KADOKAWA/エンターブレイン）。サイト「血統屋」（http://www.miesque.com/）

ノーザンファーム繁殖部門

船田武彦 厩舎長

——最初に繁殖部門の役割とイヤリングに送り出すまでの過程を教えてもらえますか。

船田　これからノーザンファームで育成調教をやっていく馬の、出産から離乳までの期間を担当しています。だいたい生後半年で離乳して親子を分けて、子供の方は当歳の秋口にはイヤリングの方に移動するという形を取っています。お母さんの方はそのまま次の年に向けての母体作りなどの準備に入ります。

——生まれて半年で親子が離れ離れになってしまうんですね。

船田　見る人が見たら凄いショッキングな光景なのかなと思います。個体差はあるんですが、それこそ〝この世の終わり〟のように鳴き叫ぶ馬もいれば、「アレ、お母さん居なくなった…」くらいの仔もいます。母親の方に関しても同様で、仔がいなくなってもケロっとしている母馬もいれば、いつまで経っても探し回っている母馬もいます。ただ、だいたい10日くらいしたらお互いケロっと忘れて、1ヶ月も経てばもうお互い無関心というか。あれだけ鳴き叫んでいたのに不思議だなと思います。

——一回離れても、牝馬であれば繁殖牝馬としてこちらに戻ってくることもあると思いますが、やはり覚えてないものなのでしょうか？

船田　さすがに数年単位だと覚えてないんじゃないかなと思います。色んな都合上、母子が同じ厩舎に入ることがあって、同じ放牧地に放したりするのですが、むしろ喧嘩したりするのもあるくらいで。恐らく動物の本能なのでしょうか、母子ではなく別の馬として捉えている印象です。

——繁殖部門はお産はもちろん、放牧を含めた日中の管理などもされていると思うのですが、船田さんは毎年何頭くらい担当されているのでしょうか？

船田　だいたい年間30頭前後ですね。メイケイエールを預かっていた２０１８年の年も30頭前後でした。

——それだけの頭数を毎年見ている船田さんにとって、メイケイエールはどんな印象の馬でしたか？

船田　僕は記憶力がいい方なんですけど、メイケイエールに関しては特にこれといったエピソードが思い浮かばないんですよ。順調だった馬ほど得てしてそういうものですけど。

——それだけ手が掛からなかったんですね。管理していた馬の中で、同じ世代で覚えている馬はいますか？

船田　ソダシですね。ソダシとメイケイエールは馬房も隣同士で、3ヶ月～4ヶ月の間ずっと同じ放牧地にいました。近い血統同士なのでお互い惹かれ合うものがあったのかも知れません。ただ、親同士はあまり仲良くなかったですけど…。

——ブチコとシロインジャーですか？　それこそお互い数少ない白毛馬同士で仲良くなれそうな感じですが…。

船田　白毛ってやっぱり他の馬に驚かれるんですよね。ただ、ブチコもシロインジャーも自分自身が白毛だと認識していないから、お互いが「なんだコイツ」みたいな感じで見ていました（笑）。

——それは面白い話ですね（笑）。ところで、当時のメイケイエールとソダシはどんな名前で呼ばれていたのでしょうか？

船田　僕らは親の名前で呼ぶことが多いので、シロインジャーの仔（メイケイエール）は、実際は白くないんだけどシロちゃんとか呼んでいました。ブチコの仔（ソダシ）も全然斑ではないんだけど、ブチって呼んでいました。

——それもややこしいですね（笑）。よく放牧地でリーダーシップを発揮する馬がいると聞きますが。2頭はどんな感じだったのでしょうか？

船田　メイケイエールは目立たなかったですね。群れの中でも真ん中の方を走って、帰ってくるときも普通で、真っ先に帰ってくるとかもなくて。ただ、かき乱す感じもなかったですし本当に優等生でしたね。その点、ソダシの方が活発に動いていた印象です。

――幼少期に一緒に放牧地を駆け回っていた2頭が阪神ＪＦや桜花賞で再会するわけじゃないですか。その時に馬同士で「あ、あの子だ！」みたいなことにはならないんですかね。

船田　どうなんでしょう。僕らの計り知れない世界ですよね（笑）。

――それにしても馬房が隣同士だった馬が18頭しか出られない桜花賞に揃って出走するって凄いことですよね。

船田　2頭だけでも凄いことなんですけど、実は私が管理していたこの時のグループの中にはスルーセブンシーズもいまして、3頭とも放牧地が一緒だったんですよ。もう奇跡に近い出来事だなと思っています。ただ、ソダシはダートで活躍すると思っていましたし、メイケイエールは距離の長いところで良さそうだなと思っていたので、自分自身は本当に見る目がないです（笑）。

――そういった適性は放牧地での走り方や体型を見て感じ取ることなんでしょうか。

船田　そうですね。ソダシに関しては血統的な先入観ももちろんありましたけど、体付きを見て凄い筋肉質でムチっとした感じだったので。ただ、あの子に関してはお母さんのブチコが放牧地で速いんですよ。現役時代のダッシュ力がそのままというか、放牧した時にバーッと走って行くんです。そんな母親に対してソダシも難なくついていったんで、これは凄い力があるなと思って見ていました。今、ソダシが芝であそこまでの時計で走れるのは、あの時に母親に鍛えられた影響なのかなと思ったりもします。逆にメイケイエールに関しては、お母さんのシロインジャーがそんなに活発に走るタイプではなかったんですよね。そこはブチコと教育方針が違ったのかなと思います（笑）。

ノーザンファームYearling部門

藤春 淳 厩舎長

――最初に繁殖部門と調教部門の中間の業務を担うイヤリングのお仕事について簡単に教えて下さい。

藤春　イヤリング部門は繁殖部門から送られてきた馬を預かるのですが、人が馬に乗り込む前段階の育成をするところになります。飼養管理や放牧地での運動管理がメインですが、まず人に慣れさせて、鞍をつけるなど競走馬になるための基礎的なことを教えることがメインとなります。

――競走馬がこちらに居る期間はどれくらいなのでしょうか？

藤春　繁殖厩舎から当歳の秋に馬が来て、翌年の1歳になって早くて7月、遅い馬でも9～10月に調教厩舎に送り出しますので、だいたい一年くらいになります。

――繁殖厩舎や調教厩舎同様、イヤリングも幾つかの厩舎に分かれているのでしょうか？

藤春　4つの大きなグループがありまして、そこから細分化していて、今はおおよそ21の厩舎に分かれています。

――1つの厩舎で何頭くらい管理されているのですか？

藤春　一番少ないところが15頭で、平均的に多いのが30頭。あとは一番多いところが45頭です。

――その数多くある厩舎の中にメイケイエールがいて、そこを担当していたのが藤春さんだったということですね。

藤春　そうですね。その当時、僕はまだ厩舎長になる前の、厩舎長トライアルという立場での一年で、そこで15頭を任されていました。その中にメイケイエールがいました。

――こちらに来た当初のメイケイエールの印象を覚えていたら教えて下さい。

藤春　とても優等生で、何でも受け入れが良く、凄く賢いなという

印象でした。教えたことをすぐに覚えるので色々なことがスムーズにいきました。

——繁殖部門ではメイケイエールとソダシが一緒に繫養されていたそうなんですが、こちらでは一緒ではないですよね？

藤春　いや、一緒でした（笑）。確か、メイケイエールとソダシが一緒にこっちに移動してきたと記憶しています。

——そうだったんですね。他に藤春さんが管理していた15頭の中にはどんな馬がいたのでしょうか？

藤春　この世代は本当に凄くて、メイケイエール、ソダシの他に、スルーセブンシーズ、アカイトリノムスメ、あとククナがいました。のちのオープン馬になる馬5頭が一緒の放牧地にいたんです。

——それは凄いですね。スルーセブンシーズは船田さんのところに居たとお聞きしました。つまり、繁殖の時の厩舎の馬がある程度まとまって藤春さんのところに移動してきたんでしょうか。

藤春　いや、たまたまだと思います。メイケイエールとソダシは生まれも近くて、同じ放牧地で同じ成長具合だから一緒に来ただけだと思います。普通はポツリポツリと色々な厩舎から送られてくるので。

——2頭は縁があるのかも知れませんね。それにしても、その2頭の他に凄いメンバーがいたことに驚きました。当時からその5頭は光るモノがあったのでしょうか？

藤春　僕が最初に担当させてもらった厩舎なので、中間の印象とかも記憶にあるんですけど、とにかくこの5頭に限らず、全頭が放牧地でよく動く組でした。凄く運動神経がいいといいますか。今振り返っても能力的に抜けた世代だったと思います。

——放牧地で駆ける姿を見て素質とかが分かるものなんですね。

藤春　バネ感ですとか、重心の沈み方ですとか、やっぱり素質の高い馬は違うと思います。止まった状態から、バーンと駆歩にいった時の動きとか。そういうところに素質が垣間見えます。

——その中にあってメイケイエールはどうだったのでしょう？

藤春　動きそのものは良かったですし、当時から能力は感じていました。ただ、周りが超のつく良血馬ばかりなので、そんな中に入るとさすがに一番目立った存在にはならなかったですね。でもその馬が重賞6勝するんですから「畏れ入りました」という感じです。

——メイケイエールは群れの中ではどんなポジションにいたのでしょうか？　繁殖部門の船田さんは「群れの真ん中を走っていた」と仰っていましたが。

藤春　船田さんの仰る通りで、前で走ることもないし、群れの真ん中にいました。当時の群れの中ではソダシとアカイトリノムスメがリーダーでしたね。この2頭は強かったです。

——後にGⅠを勝つ2頭はやっぱり当初から強かったんですね。その後、その時の15頭は別々の調教厩舎に移動するわけですけど、メイケイエールはセレクトセールの1歳セリに上場されました。展示の際は藤春さんが同行されたのでしょうか？

藤春　いや、セリに出る馬はセリ厩舎というところに移動するので、メイケイエールは5月にそちらに移動して、そこの担当者が同行しました。僕の方は、セレクトセールの会場で別の仕事に従事していていました。

——最終的にメイケイエールは2600万円で名古屋競馬さんが競り落とされました。どんなお気持ちでしたか。

藤春　まずは買い手がついてホッとしました。血統的な面などを考えると、当時としては妥当な金額かなと思っていましたけど、今となっては馬主さんはとてもいい買い物をされたなと思います。

——今後、もしメイケイエールが子供を産んだとしたら、その産駒を預かりたい気持ちはありますか？

藤春　いやいや、そんなわがままなことは言いません（笑）。僕は任された馬を一生懸命育成していくだけです。勿論、縁があってもし預かるようなことになれば嬉しいですけどね。

ノーザンファーム調教部門

山根健太郎厩舎長

――イヤリングからこちらに移動してきた時の第一印象を教えて下さい。

山根　まず馬の見た目として綺麗な馬だなと。馬体の幅の部分ではまだまだ頼りない感じがありましたけど、既に体高も立派な馬になりそうだなと思わせるような横見でした。あとは顔つきが美人で、綺麗な馬だなぁというのが一番印象に強く残っています。

――イヤリングからこちらに来る時に申し送りみたいなものはあったのでしょうか？

山根　基本的にどの馬に対してもあるんですけど、メイケイエールに関しては扱う上で気を付けていただいた方がいい…というものはなかったです。

――入厩後、乗り込みなどを進めていく中で気付いてきたこととかはありますか？

山根　非常に走りが大きくて、かなり早い段階から自分の体を目一杯使って走ることが上手な馬だったという印象が強いですね。きちっとバランス良く走れていましたし、その点からしてかなり運動能力が高い馬だなという印象をもちました。

――前進気勢的な部分はあったんでしょうか？

山根　そうですね。ある程度はありましたけど、コントロールに苦労するというほどではないです。最初の段階から非常にお利口で、且つしっかりと一歩目から走ることができる子という印象でした。

――調教を進めていく過程で、ある程度の負荷をかけたらそこから伸び悩むような馬もいると思うんですけど、この馬の場合はどうでしたか？

山根　相当なスピードがありつつも、運動をし始めた当初の「体を大きく使える」というところがまったくブレませんでした。常に他の馬たちを坂路なんかで引き連れ走っていましたし、時計を出し過ぎないようにしないといけないくらい常に余裕があるような調教の進み方をしていました。

――その後、こちらから馬を送り出す際、どんな馬になりそうだという想像みたいなものはあったのでしょうか？

山根　運動神経が良いことは間違いなかったですし、自分の能力をキッチリ出してくれれば恐らくそれなりに早い時期に1つ、2つと勝つ馬にはなってくれるんじゃないかという期待はありました。

――桜花賞が終わった後に一度こちらに戻ってこられましたが、久々に見たメイケイエールに変化は見られましたか？

山根　時間が経ったなりのという変化は感じましたけど、印象としてはまだまだ未完成だなと思いました。筋肉の質だったりとか、体のボリュームだったりとか、この馬はきっとこれからまだまだ良くなれる余地がたくさんあるだろうなというのを感じさせました。

――その後、3歳時は2戦して勝てませんでしたけど、4歳初戦のシルクロードSを勝ちました。その時はどのようなお気持ちでしたか？

山根　シルクロードSでは折り返し手綱を使ったり、パシュファイヤーを装着したり、そういった武英厩舎の皆さんや、ノーザンファームしがらきのスタッフたちの苦労が手に取るようにわかっていたので、嬉しかったというか、ホッとしたというか…。これまであまり感じたことのないような感情が湧きましたね。

――GⅢのレースにも関わらず、ゴール前では拍手が起こりました。

山根　こんなにも多くの人に応援していただける馬になったのかという感動もありましたし、こみ上げてくるものがありました。

――今後のメイケイエールに期待することは何でしょうか？

山根　まずは無事に走って欲しいということですね。あれだけ乗り難しい馬に騎乗するジョッキーのこともありますし。とにかく無事に走り抜いて現役をまっとうしてもらうことが第一ですけど、やはりあそこまでいった馬ですから、一つGⅠというタイトルを取って欲しいとは思います。これまでの色々な鬱憤を吹き飛ばすような物語の完結になってくれるといいなぁと本当に思いますね。

武英智 調教師 × 吉田貴昭 調教助手

これまで、マスメディアを通じて数多くの逸話が漏れ伝わってきているメイケイエール。果たしてどこまでが真実なのか──!? 管理する武英智調教師と、担当の吉田貴昭助手に、セレクトセール購入時の話から、入厩後の話、各レースで起きた話などを振り返ってもらった。

取材・文／競馬王編集部
写真／橋本健

2019年セレクトセールについて

──メイケイエールはセレクトセール2019の1歳セリで購入されましたが、どういう経緯で購入されたのか改めて教えてもらえますか。

武　オーナーの名古屋競馬さんが希望していたのは牡馬でした。ですから、事前段階で牡馬を中心にピックアップしていたんですが、その中に牝馬を1頭だけ入れさせていただいていて、それがメイケイエールだったんです。セリ当日は名古屋競馬さんの専務の方と、馬係をやっている方と、当時の社長と、僕の4人で牡馬を10頭くらいピックアップして見ていたんですけど、最初の2、3頭でやっぱり予算を倍くらい超えてきて、「これはキツいですね。セレクションで買いましょうか」という話になりかけていたんです。丁度その時、次の狙い馬まで時間があったので馬係の方はお手洗い行っていたりしたんですけど、そのタイミングでメイケイエールが出てきまして。僕は元々ずっと目をつけていて「いい馬だな」と思っていたので、「専務、この馬は女の子なんですけど見て下さい」とお願いして。そうしたら専務が「先生、この馬がいいの?」と聞くので、「この馬、走ると思いますよ」とお伝えしたら、「先生がそこまで言うならじゃあ言うわ」と言ってくれまして。慌ててトイレに行っている馬係の方を呼び寄せて、急遽競ってもらうことになったんです。

——その時、競られた相手はいたんですか？

武　いました。セレクトセールはどこまで値段が跳ね上がるのか分からないところがあるのでヒヤヒヤしましたけど、最終的にはオーナーさんが希望する予算内で金額が止まってくれまして。会場で、「牝馬ですけど走ると思いますから」とお伝えして。その際、社長からは「欲しい馬が買えて良かったね」という言葉をいただいたのを覚えています。預かった以上は、当然すべての馬を走らせなければいけないんですけど、この馬に関しては自分でここまで言ってしまったので特にその思いが強く湧きましたね。

デビュー前の手応えについて

——吉田さんにお聞きしたいのですが、メイケイエールの担当となって最初に抱いた感想を教えて下さい。

吉　こっちに来た当初から、山（坂路）でも結構な時計で楽々あがってきていたので、馬力が違うんやろな…と。２歳で

Hidenori TAKE × Takaaki YOSHIDA

入ってきたばっかりで、そんなスッと坂路を登れる馬はなかなかいないですから。筋肉は柔らかいですし、素質の高さは感じていました。

――メイケイエールの性格面はどうだったんでしょうか？

吉　最初は何か気に入らないことがあるとスイッチが入るようなところはありましたけど、日が経つにつれてそういったところもなくなってきました。基本的にはおとなしくて賢い馬でしたよ。

武　スイッチの入り方が最初から独特だったんですよ。今も多少そういうところがあって、機嫌のいい日と悪い日の落差が激しいというか。暴れたりとかそういうのはないんですけど。

――ご機嫌ナナメの時があるわけですね。

吉　「今は触ってくれるな！」みたいなことはしょっちゅうあります。自分の中でタイミングみたいのはすごくある子で。一方で甘えてくるときは凄く甘えてきて。

――吉田さん的には、ツンデレのタイミングが分かるものなんですか？

吉　分かります。ダメな時は「来るな」というのを態度で示しますので。

武　今もそういうところはありますからね。たとえば先日はすごく機嫌がよくて、グリーンチャンネルの取材で来た女性レポーターに対してめちゃくちゃ体を触らせていました。

吉　普段はあまり知らない人に対しては怒ることが多いんですけど。よっぽど機嫌が良かったんだと思います。

武　ただ、ウチの荻野に関しては本当にずっと嫌われています。顔がタイプと違うんちゃうかな（笑）。

――荻野さん、とても優しく接しているように見えますけど。

武　（荻野が）しんどいことさせる人だっていうのを認識しているのかも知れません。頭のいい子なんで。

――やっぱり頭の良し悪しというのは普段色々な馬と接していて感じられることなのでしょうか？

武　めちゃくちゃあります。

吉　例えばエールの場合、調教の際に乗る人が替わって、行くところがいつもと違うと、「あ、いつもと違う。これ追い切りだ。嫌や」って態度に現れますよ。

武　エールの場合、特にそれが顕著に出るタイプですね。ただ、ごねてごねて、まったく言うことを利かなくなるということはないです。吉田が担当して一番良かったのはそこで、馬に嫌なことばかり強要するんじゃなくて、寄り添ってあげる。生き物なので、機嫌のいい日も悪い日もある。体調の良し悪しもあるので、いかにこっちがそれを察知して寄り添ってあげられるか。嫌がっている馬に対して「オイ！」って怒ったりする厩務員もいる中で、気持ちを優先して接してあげられるので特にエールには合っているんだと思います。

新馬戦について

――入厩して能力を感じ取っていたということは、やはり新馬戦を迎える時には相当な自信があったのでしょうか？

吉　ありましたね。普通に勝つんやろなと。

武　僕も絶対に勝つと思っていました。ただ、当時ノーザンファームの評価は決して高くなかったんですよ。ノーザンファームしがらきの方も「牝馬限定戦を使った方がいいんじゃないかな？」という雰囲気を出していましたし。

――走りたい気持ちは当初から全面に出ていた？

武　前進気勢の強さは出てきていて、助手の荻野や暁（富田騎手）にも我慢、我慢とずっと言ってきて、調教の際も福永騎手にも同様の指示をして乗ってもらっていました。

――現地（小倉）でも乗られたそうですね？

武　はい。貴（吉田助手）とも話をして、

メイケイエールとスキンシップをはかる武英智調教師。メイケイエールの機嫌も良い様子。

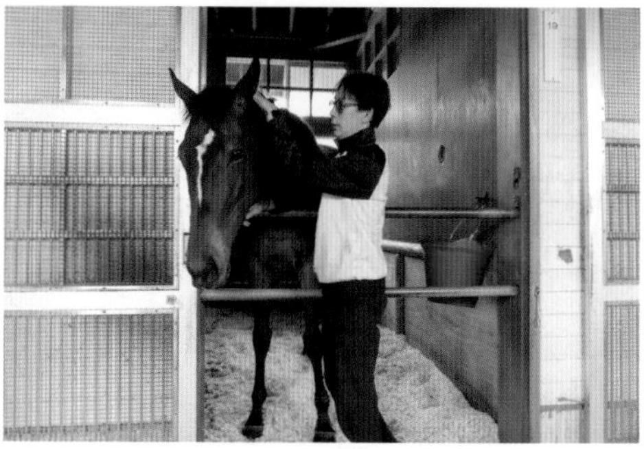

メイケイエールの馬装具を外す吉田助手。メイケイエールも慣れた様子で素直に応じている。

１週前に小倉に連れて行って、レース週の木曜日に小倉競馬場で潤（高田騎手）に乗ってもらうことにしました。その際、「体はできているから軽く、軽く乗ってくれ」とお願いしていたんです。「行きたがるからそこを本当に気を付けてくれ」と。そうしたら潤は「ＯＫ」なんて軽く答えてきて。ところが、潤が乗った時、全然かからなかったんですよ。

――それはどうしてなんでしょうか？

武　2歳の馬が単走で初めてのところで乗るので、物見をしいていて全然かからなかったんです。終いだけ伸ばしてもらう指示だったんですけど、３ハロン47秒、15－15って普通キャンターみたいな追い切りになってしまって。僕と貴の中では「体はできているし、まぁいっか」という認識だったんですけど、乗り終えた潤が「これ競馬ついてけへんぞ」って言い出して。こっちは「絶対かかるから」って言っているのに、「いや、競馬ついてけへん。１２００ｍ戦じゃケツからケツじゃ」みたいに言われて。僕と貴の感覚的には「そんなことないやろ」と思って、レース当日も「絶対勝てる」と思いながらも、1割くらい潤の言葉が残っていて（笑）。そんな思いでレースを見ていたらかかったまま5馬身離して勝ちました。

――騎乗した福永さんはどういう評価だったんでしょうか？

吉　「モノが違う」と言っていました。

――それだけ高田騎手が乗った時は特殊だったんですね。

吉　小倉は調教している馬自体がすごく少なくて、本当にポツンと1頭で走っている状況だったので、色々周りが気になって走りに集中できていなかったんです。

武　面白いのが、新馬戦が終わって誰よりも先にＬＩＮＥが届いたのが潤からで、「あの馬、めちゃめちゃ強いやん！」「攻め馬に乗った時と全然違うやん！」とか言ってきたから、「だから言ったやろ！」って掛け合いをして。レース終わって貴とやっぱりモノが違うな、次にどうするかという話になったのを覚えています。

吉　そうでしたね。ただ、レースに勝ったのは嬉しかったんですけど、ゲートの入りが悪かったので、その練習もやらなきゃいけないしとかがあってどうしようかと。

武　2歳の女の子の夏の時期に、輸送で一度こっち（栗東）に戻して、また小倉に輸送するのはリスクしかないんですけど、運の悪いことにその時、貴が有休を取らなきゃいけないタイミングだったんです。ただ、こっちに戻すメリットの一つとしてトレセンにはエアコンがあって。当時、小倉にはエアコンがなかったんですよ。輸送のリスクはあるけど、涼しいところに置く方が良いと考えてこっちに持ってくる判断をしました。

吉　レースに使うかどうかは、こっちの様子を見て決めようということになったんです。

武　実際、こっちに戻した時、体が凄く減りました。デビュー戦が４６２キロだったんですけど、一度４４０キロ後半くらいまで落ちたんです。

――それはやっぱりレースでの消耗もそうですが、精神的なものもあるんですか？

武　そうですね。ずっと昨年くらいまでカイバ食いが定まってないところもあったんです。食べたり食べなかったり。エールの場合、しんどいから食べたくないとかじゃなくて、気分で食べなかったり。独特でしたね。

小倉2歳S～ファンタジーSについて

――中1週のローテで再度の輸送になりましたけど、結局小倉2歳Sは使うことになりました。

武　ここはとにかく、体重の戻りを見て決めようと思っていたんですけど、投票するタイミングくらいでカイバも食べだして体が戻ってきたんです。輸送した後

「（武豊騎手はファンタジーSのレース後）「普通勝たへんで」とも言っていました」

も増えてきたので、結果的に前走との比較で2キロしか減りませんでした。あの時、貴に「戻ってきたな」と話して安堵したのを覚えています。ただ、レース当日は滅茶苦茶雨が降って…。跳びの大きい馬なのでこれはちょっとまずいかなと思いました。当時、台風が来ていて凄い風も強くて。

――レースでは悪い馬場の中、粘るモントライゼを最後に捕えて優勝。厩舎に初重賞勝ちをもたらしてくれました。

武　嬉しかったですね。重賞を勝ったあの日の帰り、新幹線でモントライゼに騎乗していた（川田）将雅と偶然一緒になったんですよ。その時、将雅が「道悪が巧いか下手かの差で負けた」と言っていたから、心の中で「そんなんちゃうけどな」と思ったことを覚えています（笑）。

――続く3戦目はファンタジーSでした。小倉2歳Sから少し間が空きましたけど、その時の成長具合はどうだったんでしょうか？

武　放牧に出していたんですけど、その間もずっと大変な感じでした。折り合いの難しさが普段の調教から顕著に出始めてきていたので…。小倉2歳Sの時に豊さんにファーストタッチで初めて乗ってもらった時に、「折り合いが難しいと思います」と伝えていたんですけど、乗り終えた後に「これ結構きついな」ってなりまして。小倉2歳Sの時は道悪だったので何完歩目かで前の馬の蹴り上げた泥がゴーグルに当たって「カチっ」って音がしたらしいんですけど、その時に凄く反応してしまって、「反応が違い過ぎる」って言っていました。

――レースは武豊騎手が折り合いに苦労しながらも、結果的にはレコード勝ちでした。

武　豊さんがニコニコしながら「手がしびれた～」ってポーズであがってきて、「これは走るわ」って言ってくれました。

吉　「普通勝たへんで」とも言っていました。

小倉2歳Sを制して引きあげてくる武豊騎手とメイケイエール。その笑顔からも、同馬に対する期待の大きさが伺えた。

阪神JF～チューリップ賞について

――ファンタジーSから阪神JFに向かうにあたってはさらなる200mの距離延長が問題になりました。

武　これは馬に乗ったことがある人でないと分からない感覚だと思うんですけど、かかると言っても色々なタイプがあって、フワっと抜けることのないタイプのかかり方。どこかでフワっと抜けてくれないかと期待している反面、無理だろうなと思いながら見ていました。毎回レースを終えたあと、どうしよう、どうしようと…。

――ちょっと特殊なかかり方なんですね。

武　馬って色々タイプがあるんですけど、

「できる中で何をしようか、貴と荻野と常に相談しながらやっていました」

エールの場合、手を抜くことを知らないので。前に壁があっても突っ込んでいくようなタイプなので、馬具で押さえつけるのも考えたんですけど、貴も「まだ今の時期は早いですよね」と言っていたし、もうちょっと我慢しようと。ハミも5回くらい替えましたし、クロス鼻革もつけましたし、色々試しました。耳を聞こえないようにするためにメンコを2重にしようかとか。日本ではまだ使われてない海外の馬具を使っていいか、それこそ公正室に訊きに行ったりもしました。できる中で何をしようか、貴と荻野と常に相談しながらやっていました。

――そんな中で迎えたのが阪神JFでしたね。凄いメンバーの中、とても惜しいレースでした。

武　あれは本当に惜しかったです。枠が外だったにせよ、道中もだいぶ外を回らされてしまいました。前脚が凄く伸びる子なので、前の馬に引っ掛かりそうになるんです。だからどうしても手綱を引かざるを得ない。直線一旦先頭に立ったんですけどね。レース後に、豊さんが「ヒデごめん。でも桜花賞勝つのはこの馬や」と言って僕の肩をポンと叩いてくれて。それが凄く印象に残っています。

――年が明けて3歳初戦で迎えたチューリップ賞は、勝つには勝ちましたが、今まで以上に課題の残るレースとなってしまいました。

武　チューリップ賞の時はそれこそ福永騎手とか他にも迷惑をかけてしまって…。有り得ない競馬で普通ならドンケツになっても仕方なかったと思いますし、あの時は凹みました。周りからは「おめでとう！」と祝ってもらったんですけど、全然嬉しくなくて、先が真っ暗でした。ただあの時、空港で「どうしよう…」と落ち込みながら飛行機を待っている時に藤原英調教師と偶然お会いしまして。その時に「ヒデ良かったな」って声をかけられたので、「全然良くないですよ」と答えたら、「なんでや？」って言われて。「競馬見たけど、勝ったんだからええやんけ」って。「競馬は勝てばいいんや。過程とかどうでもいい。勝てばいい」と言われて少し救われた気がしました。それでも数分後には再び、「どうしたらいいんだろう」とすぐに落ち込みましたけど。

桜花賞について

――厩舎として試行錯誤を繰り返す中で迎えた桜花賞は、横山典弘騎手でレースに臨みました。

武　豊さんが乗れなかったので、典さんにお願いしたんですけど、思い描いた中で一番悪い競馬になってしまいました。典さんはエールの能力を認めつつも、「ちょっとこの馬、無理そうだから（今後を）考えた方がいい」と言われて。当時はメディア関係からも色々言われている状況で、ナニクソという思いもあったんですけど、一方で、乗っている騎手や、周囲の騎手や馬にケガを負わせてしまったらどうしよう…という不安は常にありました。ただ、そのノリさんから最近しょっちゅう言われるのが、「乗った人間だから分かるけど、他の厩舎だったらここまで大成してない」「ヒデの厩舎は凄い」「自信もっていい」という言葉。それこそ先日もダグを見に来てくれて、ウチの調教の仕方について色々と質問されたのでそれに答えたら、「さすがだ」とポツリと言ってくれて。ノリさんからそういう言葉を貰うたびに自信になっているのは確かです。桜花賞の時に「考えた方がいい」という言葉があっただけに、余計に重いです。シルクロードSで勝った時も一番に近づいてきてくれて、「オマエラ凄いよ」と言って喜んでくれて、エールに愛撫してくれて。あのレベルの人に言われると本当に嬉しいです。

キーンランドC～スプリンターズSについて

――桜花賞を終えた後、メイケイエール

はノーザンファーム早来に放牧に出されました。

武　貴と夏はどうしようかと相談して、一度全部リセットしようと決めました。近隣の牧場ではなく、牧草地に放すという1歳馬がやる放牧をしました。以前、クロノジェネシスがそれでうまくいったのでやってみようと。育成時代に担当してもらっていた山根さんにお願いして、しょっちゅう連絡を取り合って、「今日こんな感じです」と報告をもらって。「もう完全に気持ちは抜けていますが、中身は作っていませんから」と。それに対して「いいです。それで」と言って戻してもらいました。キーンランドC当日は成長分もあったんですけど、プラス20キロで臨みました。調教再審査があったのでテンションも上げきれない状態だったんですけど、一応、最後の一カ月に3本くらいだけやってレースに臨みました。レースでは豊騎手が乗りますし、気も入るだろうと思ってのことだったんですけど、実際は全然足りなくて…。そんな状態だったので、ハナを切って負けたんですけど、一応これは納得の敗戦で、さすがに調教量が足りませんでした。

——次に迎えたスプリンターズSでは、武豊騎手が凱旋門賞に行くことが決まり、鞍上が宙に浮いてしまいました。

武　あの時はたまたま謙くん（池添騎手）とゴルフに行っていたんですが、途中で謙くんの電話が鳴って、相手と話し終えた後に凹んでるんですよ。理由を聞いてみたら、騎乗予定だったダイアトニックがスプリンターズSを使えなくなったという話で。その時に「メイケイエール使うんだけど乗れない？」って聞いたんです。そうしたら「いいの？」ってなって。そこでオーナーに連絡して速攻で決まりました。なので、あの時に一緒にゴルフに行ってなかったら、謙くんとのコンビ結成はなかったかも知れません。

——そのスプリンターズSですが、本当に惜しいレースでした。

武　終始かかりながら外を回って4着で。レース後、謙くんが「凄い馬だけど、凄い乗り難しい」と。「ドリームジャーニーも難しい馬だったんだけど、その時にやって成功したことがあるからやっていい？」って聞いてきて競馬に臨んだんですけど、「全然できなかった。ごめん」って言ってました。

シルクロードSについて

——4歳初戦に選んだレースは中京芝1200mのシルクロードSでした。

武　前走後に休ませて帰ってきたら、かなりスケールアップしていました。これなら…ということで、満を持して折り返し手綱などの強い馬具を使うことにしました。

——折り返し手綱を使用するに至った経緯を教えて下さい。

武　「行くのを抑える」という馬具がそもそもなくて。そんな中、折り返し手綱は本来、競馬で使うことがない道具なんですけど、試しにやってみようと。そうしたら、思いのほか効き目があったので、これはマッチしていると思い「これでレースに行こう」と提案したのですが、謙くんが「4本つけて競馬は難しいわ…」となりまして。謙くんって大きいレースになると全然話をしてくれなくなるんですよ。ゾーンに入るというか。レースの前まで何回も会っているのに、一切シルクロードSの話はしてくれなくて。なので、「いいや任せておこう」と思っていたら、レース当日のパドックの時、エールに跨った瞬間に「ヒデ、どうしよう。まだ迷ってる…」って言われて。「迷ってたんかい！」と思いながら、走ってついて行って、返し馬を見たらやっぱりしんどそうだったので、当初はゲートの裏で取る予定だったんですけど、貴に「やっぱり気も入っているし、つけた方がいいと思うならつける、取った方がいいと思う

調教を終えた後のメイケイエール。吉田助手から状態の報告を受ける武英智調教師。

既舎あてに全国各地から寄せられるお守りの数々。ご利益があるように、馬房の前にあるホワイトボードに吊り下げられている。

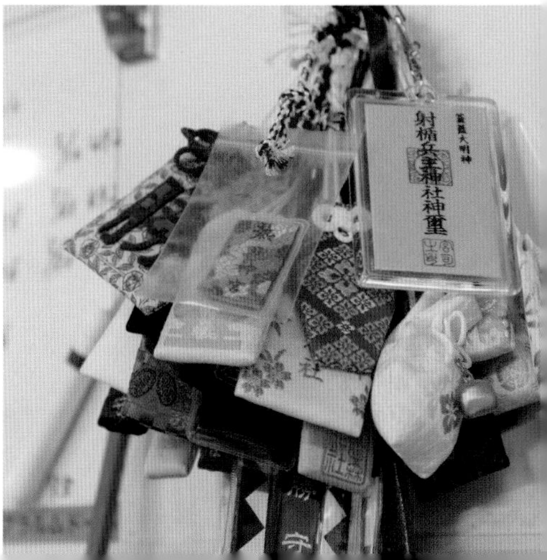

なら取るで謙くんと相談してくれ」と言って、それでゲート裏で二人で相談して。

吉　池添さんとも本番前に試すなら今日ですよねと話していたんです。あくまで高松宮記念が本番なので。

――端から見ていても4本の手綱を持つのは大変そうに思います。

武　これはめちゃくちゃ大変です。技術というよりとにかく慣れが必要なので。折り返し手綱は走りを制御する道具なので、直線では放さなければいけない。ただそれも、騎乗して馬を動かしながら持っている手綱のうち上の2本だけを放すってなかなか難しいんですよ。放すまではいいんですけど、手綱は長いので、それがぷら～んとなって足に引っ掛けたらどうしようとか。折り返しを向こう側にいかないようにするにはどうするか考えて、後輩の浩大（長谷川調教師）に相談したりして、漸く今の馬装ができあがったんです。ただ普段は、馬具に下手に慣れさせないように、パシュファイヤーもメンコもつけさせない。折り返しだけは頭の位置が定まるようにつけていますけど。

高松宮記念～これからの目標について

――厩舎の苦労が実って見事にシルクロードSで復活を遂げたメイケイエールは、その後は京王杯SC、セントウルSと勝利を重ねて、重賞勝利は6つとなりました。ただ、馬場や枠順などに恵まれず、惜しくもGⅠには手が届いていません。今年の高松宮記念後は、使う予定だったヴィクトリアマイルをフレグモーネで回避し、その次の安田記念では落鉄の影響もあって力を発揮できずでした。秋に再起を図るべく、今は懸命にトレーニングに励んでいるところだと思いますが、改めて今後のローテーションと目標をお聞かせ下さい。

武　秋は使うレースがないですしね。スプリンターズS、もしくはブリーダーズカップに登録するかも知れません。個人的にはターフスプリントが一番合うんじゃないかと考えています。

――昨年、日本馬の中で最先着を果たした香港スプリントを使う予定は？

武　アメリカから香港に移動できるので、その線がないこともないです。ただ、いずれにしてもラストランは高松宮記念になるのかなと思っています。

――あと3、4戦しかメイケイエールのレースを見られないと思うと寂しい思いもありますが、きっと残りのレースは盛り上がるでしょうね。メイケイエールのファンはとにかく熱烈な方が多いですから。

武　本当にファンの存在は有り難いですね。厩舎にもエール宛てのファンレターやお守りが沢山届くんですよ。お守りなんて、全国各地のものが揃っているんじゃないかというくらいです。「メイケイエールは食べられないと思うんですけど…」という添え書きと共に、お中元やお歳暮も送られてきます。最初のうちはファンレターに対してもクオカードを入れて全部返していたんですけど、途中から追い付かなくなってしまって…。そこは申し訳なく思っているんですけど、ファンの方たちには本当に感謝しています。

――最後になりますが、メイケイエールに対する思いをお聞かせ下さい。

武　安田記念の時の囲み取材でも話したんですけど、我々が彼女を信じられなくなったら終わりなんで。僕らが信じなくて誰が信じるんだという思いはあります。GⅠレースに勝つことが簡単ではないことは分かっていますけど、エールの場合は色々なことが噛み合えば勝てる能力はありますし、どこかで今までの苦労が報われる時があると思ってやっています。あと何回かのチャンスになりますけど、何としてもGⅠホースにしてあげたいと思っています。

Kenichi IKEZOE

1979年7月23日生まれ。98年に騎手デビューし、その年の新人賞を獲得。02年にアローキャリーとのコンビでGI初制覇を果たすと、以降は名だたる個性派とのコンビでGIレースを奪取。23年8月末現在、重賞95勝（その内GI27勝）をマーク。

メイケイエールに対して抱いていた印象は？

――初騎乗は3歳秋のスプリンターズSでした。それまで〝敵〟として戦ったメイケイエールの印象はいかがでしたか。

「『強い馬だな』と思って見ていました。ただ、チューリップ賞からコントロールが利かなくて、他の馬に迷惑をかけるレースが続いていましたし、桜花賞では実際に僕の馬（ソングライン）が被害を受けました。調教師や助手の（荻野）要が、迷惑をかけたジョッキーとかに謝る姿を見ていましたし、桜花賞の後は僕にも『すみません』と連絡が来ました。外から見ていて『乗り難しい馬なのかな』とは思っていました」

――騎乗依頼はどのような経緯だったんですか。

「本当だったら、ダイアトニックでキーンランドCからスプリンターズSというプランだったんです。けれど、ヒデ（武英智調教師）と一緒にゴルフをした時、ちょうど僕が向かっている最中に『（ダイアトニックは）スプリンターズSに行かない』と連絡がありました。そのことを何気なくヒデに言ったんです。メイケイエールにはユタカさん（武豊騎手）が乗ると思っていて（凱旋門賞騎乗で乗れ

池添謙一騎手インタビュー

稀代の個性派と言えるメイケイエールの主戦を務める池添謙一騎手。同馬の全16戦のキャリアのうち8戦でコンビを組み、重賞を3勝。これまでも多くの個性派とのコンビで大レースを制してきた同騎手にとって、メイケイエールとはどういう存在なのか？コンビ結成の経緯から、各レースでのこぼれ話、最後にはファンからの質問にも答えてもらいました。

取材・文／太田尚樹（日刊スポーツ）
写真／橋本健

ないとは）全然知らなくて。それで『今ちょうど（鞍上を）探しているところなんですけど、乗ってもらえます？』って声がかかったという感じですね」

――そんな偶然があったんですね。どう答えられたか覚えてますか。

「『いや、逆にいいの？』って」

――周りに迷惑をかけるかもしれない「難しい馬」なのに、口頭とはいえ即決されたんですね。

「もともと能力は高い馬だと思ってましたし、頼まれて断る理由は何もなかったです。ジョッキーだったら誰もが即決するんじゃないかなとは思いますけどね。そこで逆に乗りこなすことができれば、かっこええやろなと（笑）」

――そういうことを何度もやっておられますからね。こうやって次々と「難しい馬」の依頼が来ることに関してはいかがですか。

「正直、もちろん最初から乗っているのが一番いいと思いますけど、難しい馬で『なんとかしたい』と声がかかるというのは、ジョッキーとしてすごくありがたいことだと思います。頼まれた以上は『一緒に結果を出したいな』と」

――やはり、ここまでの積み重ねというか、デュランダル、スイープトウショウ、オルフェーヴルといった馬たちを乗りこなしてきたという周りの見方もあるかと思いますが。

「そこは僕が自分で言うことではないですけど、それがあったからだと思いますし、そういう評価をしていただけるのは本当にありがたいですね」

悪戦苦闘の末に能力開花に成功！

――さて、スプリンターズSの1週前追い切りで初コンタクトをとった感触はいかがでしたか。その時は僕も実際に取材させてもらって「難しい女の子です」とおっしゃっていたのを覚えています。

「やっぱりいい走りをする馬だと思いました。すごく跳びが大きくて、きれいな走りをしますし、能力はすごくあるのかなと。けれど、調教でもかかるところがあったので、そこがテーマの1つというか、一番大きな問題なのかなと思いました」

――スプリンターズS当日を振り返っていただけますか。

「（折り返し手綱は）ゲートに入った時点で手綱の長さを決めておかないといけないんです」

「けっこうイレ込みがあって（本馬場入場で）先出しだったんですけど、返し馬までは落ち着いてできました。けれど、中山の芝1200mの待避所はゲートまでちょっと遠くて、集合がかかると他の馬が走っていくのを見て一気にテンションが上がってしまって…。だから逆に、一緒に行かせなかったんです。そこでバーッと行ってしまうと、いつもと同じ形になると思ったので、1頭でずっと残って我慢させたんです。あそこで我慢しきれたのは、その後に向けてすごく大事な部分だったのかなと思います。これをやってからは、ゲートまで落ち着いて行けるようになったので」

——レース自体はいかがでしたか。

「スタートからすぐ抑え込んだんですが、思った以上にかかりましたし、外へ切り替えるところで他の馬にも2頭ぐらい迷惑をかけたところはありました。調教とは違った面もあって、レースの方がより難しかったです。正直、自分の中では、もう少しうまく乗れるかなと思っていたんですけど…。でも、かかりながら4着という結果を出したのは、やっぱり絶対的能力が高いと思いました」

——メイケイエールは「他の馬とかかり方が違う」と聞いたことがあります。

「引っかかる馬というのは、普通は（手綱を）引っ張っている感覚があるんですよ。行きたがるのを抑えて、ふっとハミが抜けるところで自分の手を少し緩めてあげて折り合いをつけます。それがメイケイエールに関しては、引っ張ったら引っ張っただけ左右に頭を振って、引く力を左右へ逃がすので、引っ張っている感覚がないんですよ。しかも頭を振って走っていくので、前を見てません。だから、他の馬が前にいるのに構わず突っ込んでいきます。乗っている方としてはもう恐怖しかないです。これは乗った人にしかわからない。引っ張る感覚がないのが独特なところで、こういう馬はなかなかいないです」

——それで4歳初戦のシルクロードSからは折り返し手綱とパシュファイヤーを着けることになりました。

「たぶんヒデはずっと考えていたと思うんです。でも、3歳牝馬で体が成長する時期に、矯正器具を着けるのはすごく負担がかかるんですよね。そこで成長が止まったり、壊れてしまったりしては元も子もないので、使いたくても使えなかったというか。それが4歳になって『使ってみたいんですけど』という話がありました」

——効果はいかがでしたか。

「すごくありました。当日の返し馬も落ち着いてできて、ゲートにも歩いて行けました。もともと折り返し手綱は直前に外して、レースではパシュファイヤーだけの予定だったんです。でも、発走の3分前ぐらいにゲート裏で（担当調教助手の）吉田君から『調教師が「着けていくか外していくか決めてほしい」と言ってます』と言われて…。『うわっ、あいつ、丸投げしよった』と思って（笑）。当初は外す予定だったんですけど、吉田君と『どうしよう？』って話した時に、今回は前哨戦なので『1回、試してみよう』という話になって『じゃあ、もう俺も腹をくくっていくわ』と、着けたままレースに臨みました」

——僕らは馬に乗れないのでわかりませんが、普通の手綱に加えて折り返し手綱があるとかなり難しそうですね。

「めちゃくちゃ乗りづらいですよ。2本を持つので、ゲートに入った時点で手綱の長さを決めておかないといけないんです。だからゲートの中で暴れられると何もできないですし、スタートしたらもう（握る位置を）動かせない。それで直線に向いたら、折り返し手綱の方は離さないといけない。まあまあ怖いですよ。実戦では初めてでしたし。たぶん、それまで誰もいなかったんじゃないですかね」

——しかも、それを発走3分前に決めたんですよね。

「しかも、内枠（3番）だったので。かかっていく馬ですし。だから腹をくくって位置をとりにいったんですけど、うまくいきましたね。かかったけど我慢できたし、しっかり結果も出してくれたし、前哨戦としては満点の結果だったのかなと思います」

——あの時のガッツポーズの意味が分かった気がします。レース後の武英智先生とのやりとりは覚えていますか。

「けっこう感動していたらしいんですけど、僕から『丸投げやん』って言われて『涙が引いた』って言ってました（笑）」

——先生は学年で1つ下にあたりますが、すごくいい関係性に見えます。

「もう小さい頃から、小中学校も同じですからね。競馬学校に入ると、1年生と2年生って普通はめっちゃ仲が悪いんですけど、あいつはずっと僕の部屋に遊びに来てました。1コ上の先輩の部屋なんて、僕は怖くて行ったことがなかったのに。僕がいなくても部屋に入って勝手に漫画を読んでましたね。昔から人なつっこいやつでした。ジョッキー時代も仲が良くて、しょっちゅうメシも行ってました」

——先生からも「ケンくん」って呼ばれてますよね。

「あいつに『先輩』って呼ばれたことあるのかな…。たぶん先輩って思ってないと思います（笑）。もちろん、仕事は仕事で、めりはりがあるのでいいのかなとは思いますよ。『これからも厩舎の馬にたくさん乗ってほしいから、もう少し現役でやってください』とも言われています。かわいい後輩です」

——しかし、そうして迎えた高松宮記念（5着）は悔しい結果になりました。

「雨が（前日に）降っていたので『外枠（17番）はいいかな』と思っていたら、乾きが早くて、内有利の馬場になっていました。あれ以上は内へ入れることができなくて。伸びてはきてくれたんですけど、もったいなかったです。枠が大きかったですね。外から来たのは、この馬だけですし。GⅠを勝つためには、実力はもちろん、引き寄せる運というのも必要なピースなのかなと思います」

大きなケガの後、リハビリを経て春にコンビ復活

——そこから京王杯スプリングCとセントウルSを連勝しました。

「もともとは女の子という感じで少し線がスマートな馬で、トップスピードになった時に体幹がぶれるところがあったんです。けれど、セントウルSの追い切りに乗った時に、それがもうまったくなくて、体重も増えていましたし、フィジカルの部分ではもう言うことがないかなと。レースも満点の結果でしたし、調教で感じたことがレースでも出たのかなと思います」

——続くスプリンターズS（14着）はまさかの大敗となってしまいました。

「正直、中2週が大きく影響したとしか考えられないです。4コーナーでまったくギアが入る感じがなくて…。下がっていくだけだったのは初めてでした。ずっとイライラしていましたし、メンタルの部分が大きかったと思います」

——その後は11月に池添さんご自身が負傷されてしまいました。あまり振り返りたくないかもしれませんが、どのようなケガだったのでしょうか。

「レース後につまずいて振り落とされる形でした。たぶん背中から『く』の字で落ちたので息苦しい感じはあったんですけど、両手両足は動いたので『折れてはいないな』と思いました。でも、歩くことはできなかったので担架で救護室へ運ばれて、しばらく様子を見ても痛みが治まらなくて…。とりあえず病院で検査をしてみて大丈夫であれば、次の日に騎乗すればいいぐらいの感じでした」

——診断は「第12胸椎破裂骨折」だったそうですね。

「破裂骨折は背骨が後ろへ少し飛び出て、それが神経に触れると、手足がしびれたり、動けなくなったりします。幸いにも神経には触れていなかったんですが『手術が必要です』と言われました」

——時期としてはメイケイエールの香港スプリントの2週前でした。

「遠征の予定が入っていたので、『手術しない方法ってありますか』とか『手術したとして、2週間後のレースに乗れますか』とか聞いたんですが…。起き上がった時に破裂した部分が神経に触れるかもしれないから『寝たきりでいてください』と言われて、起き上がれないなら馬に乗れるわけがないので、ひとまず『手術してから考えよう』と思いました。手術までの数日はずっと寝たままで、トイレにも行けなくて…。看護師さんであるとか、そういう分野のプロの方たちに本当に感謝しましたし尊敬しました」

——手術の時点では、まだ香港遠征をあきらめていなかったんですね。

「手術の次の日には起き上がってリハビリを始めました。そこで1回、騎乗姿勢をとってみたんです。でも、コルセットを着けていても、めっちゃ痛くて『もう無理だな』と思ってヒデに連絡しました。手術の前にも連絡はしていて『やっぱり乗ってほしいし、ギリギリまで待ちますんで』と言ってくれていたんですが…」

折り返し手綱を使いこなしてメイケイエールを勝利に導く池添騎手。セントウルSは単勝1.7倍という断然の人気だった。

——その香港スプリント（5着）では折り返し手綱の使用を許可されませんでしたが、どうご覧になりましたか。

「スタートで少し遅れる形になって、中団より後ろから3コーナーで3番手まで行きましたよね。（1ハロンのラップが）10秒台のスピードが乗っていくところを上がっていくので、だいぶ負担がかかるレースだったと思います。あれで最後まで踏ん張ったのは、よく頑張ったんじゃないかと思いますね」

——ご自身はリハビリを続けられて、3月の高松宮記念だけでなく、2月のお父さん（兼雄元調教師）の定年に間に合わせたいお気持ちが強かったようですね。

「全治6カ月（完治は5月）と言われていました。父の定年がなければ、たぶん（2月には）復帰してないですね。今から思うと、めちゃくちゃ無理して復帰したなと。もちろん『これなら乗れる』というところまできたから復帰したんですけど」

——そんな過程があった高松宮記念（12着）は、またしても天気に泣かされる結果となりました。

「その前の週までは、めちゃくちゃ内有利の馬場だったんですよ。だから内枠（5番）が当たった時は『よかった』って思いました。でも、あそこまで土砂降りになると…。きれいな跳びをする馬なので、すごく走りづらそうでした。『本当に運がないな』って思いましたね」

——その後はフレグモーネでヴィクトリアマイルを回避して、安田記念へ向かうことになりました。

「ヴィクトリアマイルの時は状態がすごく良かったので残念でした。3週後の安田記念になりましたけど（回避の）影響は大きかったのかなと思います。内枠でしたし『（ハナへ）行ってもいいね』という話はしていました。でも立ち遅れてしまって、逃げることすらできなくて…。思ったより折り合いはついたんですけど、4コーナーを曲がる時に手応えがなくなりました。落鉄もありましたから」

——GIではもどかしい結果が続いていますが、この秋はスプリンターズSだけでなく、海外遠征のプランもあります。最後に今後への意気込みをうかがえますか。

「声をかけていただいた時からGIを獲れるポテンシャルを持っていましたし、僕に依頼が来たのも、やっぱりGIタイトルのためだと思うんですよね。この厩舎、このスタッフで獲りたい気持ちはすごく強いです。一緒にGIを獲って喜びたいです」

メイケイエール公式ファンブック特別企画

＼教えて! 答えて!／

池添騎手!

メイケイエール公式ファンブックアカウント(https://twitter.com/meikeiyellph)に寄せられた池添騎手への質問を、ご本人に直接答えてもらいました!

——メイケイエールに乗っていて、他の馬とはレベルが違うと思った部分はありますか?

池添　やっぱりトップスピードになった時のスピード感覚ですかね。跳びが大きい馬なので、あまり時計が出てないと思っていても時計が出ているんですよね。追い切りとかでもそうですし。こういうのは経験上、走る馬の特徴的な部分なのかなと思います。

——もしメイケイエールと会話ができるならどんな言葉をかけたいですか?

池添　会話ができるということは向こうも喋れるということですよね?　そうなるとこちらが話しかける前に向こうが一方的に文句言ってきそうだなぁ。やっぱり叩かれたりするのも嫌でしょうし(笑)。

——メイケイエールとのコンビで会心のレースはどのレースですか?

池添　シルクロードSですかね。一番最初に「乗りこなせたかな」と思えたレースなので。

——武英先生が以前池添騎手が厩舎に遊びにきてくれると仰ってましたが、何をして遊んでいるんですか?

池添　遊びに来るといっても動画を撮らせてもらっているだけですよ。僕はInstagramをやっているんですが、メイケイエールのファンの方が喜んでくれるかなと思って撮らせてもらっています。ずっと名前を呼んでいるだけの動画ですけど(笑)。

——以前、オルフェーヴルからは「度胸」、スイープトウショウからは「忍耐」、ドリームジャーニーからは「工夫」を学んだと書かれていました。メイケイエールからは何を学びましたか?

池添　それらが全部合体した言葉って何になりますかね?　やっぱりなかなか乗り難しい馬ではあるので、自分の今までの経験というのがメイケイエールに関しても活きているとは思います。とは言え、「経験を学んだ」というのは少し変なので…この質問はもう少し考えさせて下さい(笑)。

——今までの中で池添騎手がもう一回だけやり直したいなというレースは?

池添　負けたレースはやり直したいですよね。2回乗った高松宮記念ですかね。1回目は内枠で走りたいですし、2回目なら天気が良い状態で走りたい。ここ失敗したからこう…じゃなくて、ベストな条件でもう一度やり直したいですね。

——エールの背中ってどんなですか。いい匂いはするんですか?

池添　いい匂いはしないです(笑)。でも背中は柔らかくて乗り心地はいいですよ。

——メイケイエールの走ってる姿なんですが、追い切りでは耳を後ろに伏せていて、レース直線では他の馬と違って耳を立てているのをよく見ます。見ている側としては「やはり調教嫌いなのかな」とか「気持ちいいのか、まだ余裕があるのかな」と思っているんですが、乗り手としてはどう感じるのでしょうか?

池添　耳を絞っているというよりも、耳を後ろにしているだけだと思います。前にするのって気を抜いている時なんですね。集中してないというか。だからちょっとあの馬に関しては直線向いて先頭に立つと少しソラを使う。それで耳を前に立てている。本当はあまりいいことではないんですけど、逆に言うと抜け出した時はそれだけまだ余裕があると言う事なんだと思います。

——メイケイエールはダートもこなしてくれると思いますか?

池添　悪くないかなと思います。恐らく陣営もそういった手応えを感じているからこそ、プランの一つとしてアメリカのブリーダーズカップも入っているんだと思います。

——難しい牝馬との付き合い方は?

池添　気分を損ねないようにすることでしょうか。ある程度、言うこと聞いてあげる感じで。その方が気分よく走ってくれるのかな…と僕の中では思っています。ただ牡馬は調子に乗るので怒るところは怒らないとダメですけど。

——メイケイエールを芸能人、有名人に例えると誰に似ていますか?　誰と誰みたいに2人以上の合わせでもOKです。

池添　それはさすがに分からんなぁ。そもそもどの女優さんに似ているかっていうのもおかしな話で、その女優さんのことを「馬面に見える」と言っているようなものですから。その質問に答えたらその女優さんに怒られちゃいますよ(笑)。

——沢山お答えいただき、どうも有り難うございました。

メイケイエール検定

メイケイエールに関する難問・珍問を用意しました。
本書を隅々まで読んでいればきっと全問正解もできるはず!?
全問正解したあなたは、メイケイエール・マスターです!

何問当たるかな?

Q1 メイケイエールが生まれたのは2108年何月何日?

- Ⓐ 2月23日
- Ⓑ 3月1日
- Ⓒ 3月23日
- Ⓓ 4月1日

Q2 メイケイエールの新馬戦の競馬場と、騎乗したジョッキーの正しい組み合わせは?

- Ⓐ 中京競馬場／武豊騎手
- Ⓑ 中京競馬場／横山典弘騎手
- Ⓒ 小倉競馬場／池添謙一騎手
- Ⓓ 小倉競馬場／福永祐一元騎手

Q3 折り返し手綱とパシュファイヤーを付けたのはどのレースから?

- Ⓐ 21年スプリンターズS
- Ⓑ 22年シルクロードS
- Ⓒ 22年セントウルS
- Ⓓ 22年スプリンターズS

Q4 メイケイエールがこれまでのレースで入ったことのない枠は?

- Ⓐ 2枠
- Ⓑ 3,4枠
- Ⓒ 5,6枠
- Ⓓ 7,8枠

Q5 メイケイエールのレースでの最高馬体重は何kg?

- Ⓐ 486kg
- Ⓑ 462kg
- Ⓒ 513kg
- Ⓓ 477kg

Q6 NFしがらきに住んでいる、メイケイエールの天敵(?)の猫の名前は?

- Ⓐ コガネ
- Ⓑ ガンコ
- Ⓒ タマ
- Ⓓ オニャンコポン

Q7 シルクロードSを実況した山本直アナがメイケイエールに対して言ったフレーズは「〇〇〇過ぎた天才少女」。〇〇〇に入るのは?

- Ⓐ かわい
- Ⓑ 真面目
- Ⓒ かかり
- Ⓓ 美　人

Q8 メイケイエールの母はシロインジャー。ではその母は?

- Ⓐ ユキチャン
- Ⓑ シラユキヒメ
- Ⓒ ミッキーアイル
- Ⓓ クロインジャー

Q9 普段はツンデレなメイケイエールですが、この人にだけはデレ全開と写真集のインタビュー内で明かされたのは誰?

- Ⓐ 武英智調教師
- Ⓑ 池添騎手
- Ⓒ 吉田調教助手（武英智厩舎）
- Ⓓ 荻野調教助手（武英智厩舎）

Q10 22年香港スプリントで、メイケイエールとともに出走した馬ではないのは?

- Ⓐ ジャンダルム
- Ⓑ ナランフレグ
- Ⓒ レシステンシア
- Ⓓ ダノンスマッシュ

Q11 メイケイエールの香港表記で正しいのはどれ?

- Ⓐ 愛麗數碼
- Ⓑ 真誠少女
- Ⓒ 金積驥
- Ⓓ 齊叫好

Q12 アイドルホースオーディション2022で見事1位に輝いたメイケイエール。では2位はどの馬だった?

- Ⓐ ディープボンド
- Ⓑ ゴースト
- Ⓒ ヨカヨカ
- Ⓓ ゴールドシップ

Q13 この中でメイケイエールのお尻はどれ?
（写真の中から正解を選んで下さい）

Ⓐ
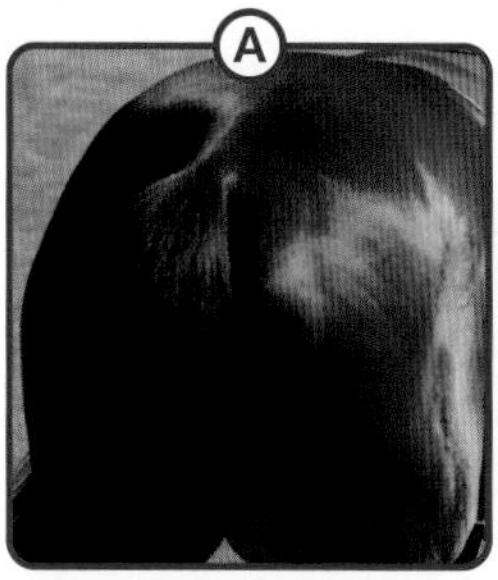

Ⓑ
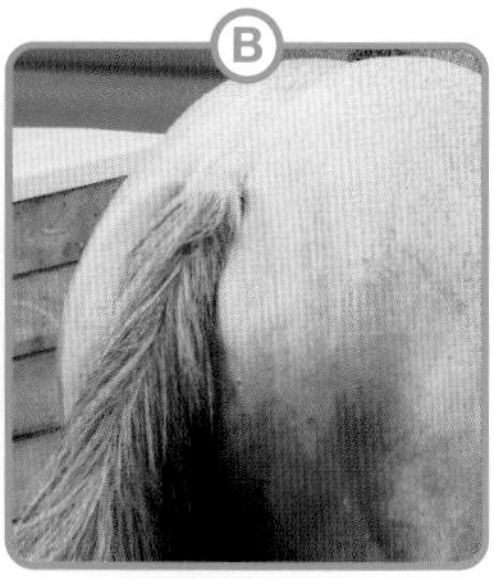

Ⓒ
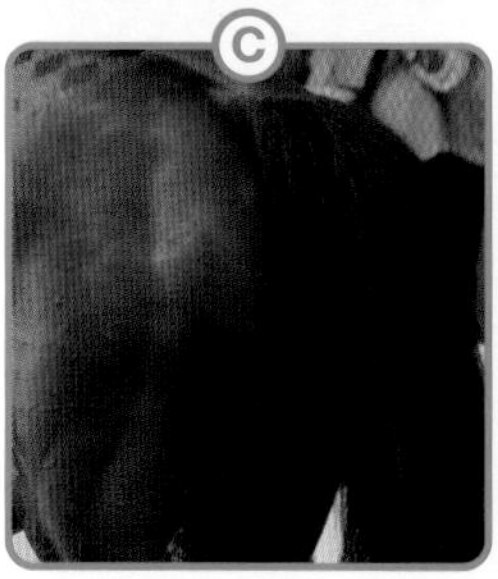

Ⓓ
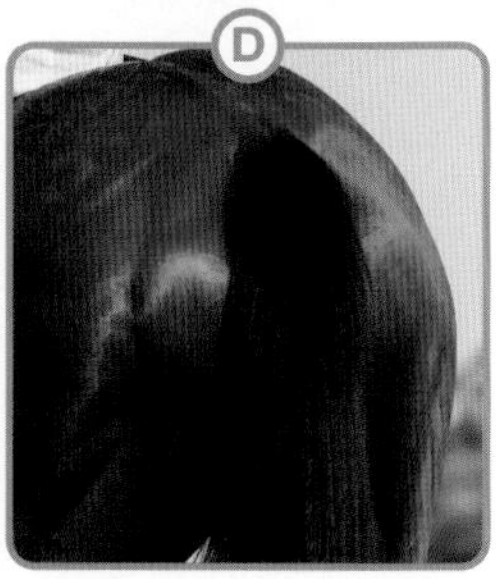

正解：Q1→A　Q2→D　Q3→B　Q4→C　Q5→A　Q6→B
Q7→B　Q8→A　Q9→C　Q10→D　Q11→D　Q12→B　Q13→A

メイケイエール年表 + 馬具の変遷

2018

- 2.23 ノーザンファームにて父ミッキーアイル、母シロインジャーの間に生まれる
- 7月 ノーザンファームYearlingへ移動

2019

- 7.8 セレクトセール1歳セリにて上場。名古屋競馬株式会社が2600万円（税抜き）で購買
- 10月 ノーザンファーム早来へ移動

2020

- 4月 栗東・武英智厩舎に入厩
- 8.22 新馬戦（小倉芝1200m）で優勝
- 9.6 小倉2歳S（GIII・小倉芝1200m）で優勝。武英智厩舎とともに重賞初勝利を果たす
- 11.7 ファンタジーS（GIII・阪神芝1400m）で優勝。2歳芝1400mのレコードを更新する
- 12.13 阪神ジュベナイルF（GI・阪神芝1600m）4着。優勝は同じシラユキヒメの血を引くソダシ

2021

- 3.6 チューリップ賞（GII・阪神芝1600m）で優勝。エリザベスタワーと同着で、重賞での1着同着は19年フィリーズR以来
- 4.11 桜花賞（GI・阪神芝1600m）で18着
- 8.29 キーンランドC（GIII・札幌芝1200m）で7着
- 10.3 スプリンターズS（GI・中山芝1200m）で4着。初めて池添謙一騎手とコンビを組む

2022

- 1.30 シルクロードS（GIII・中京芝1200m）で折り返し手綱、パシュファイヤーを着けて優勝
- 3.27 高松宮記念（GI・中京芝1200m）で5着
- 5.14 京王杯スプリングC（GII・東京芝1400m）で優勝。同レースの牝馬の優勝は2010年以来
- 9.11 セントウルS（GII・中京芝1200m）で優勝。同コースのレコードを更新する
- 9.16 『メイケイエール写真集 一生懸命、全力疾走』発売
- 10.2 スプリンターズS（GI・中山芝1200m）で14着
- 11.20 武英智厩舎が福島第4Rで100勝を達成。鞍上は騎手時代の同期である高田潤騎手だった
- 12.11 香港スプリント（GI・シャティン芝1200m）で5着。初めての海外遠征を経験する

2023

- 3.26 高松宮記念（GI・中京芝1200m）で12着
- 6.4 安田記念（GI・東京芝1600m）で15着

ノーマル

今となっては貴重なショット!?　新馬戦、小倉２歳Ｓの２戦は何も着けずスッピンで走って連勝を飾った。

メンコ

デビュー３戦目となるファンタジーＳで初めてメンコを装着。その後、桜花賞、キーンランドＣ、３歳時のスプリンターズＳでも装着。

クロス鼻革

デビュー４戦目の阪神ＪＦ、続く５戦目のチューリップ賞で装着。しかし結果は芳しくなく、この２戦のみでの使用に終わっている。

パシュファイヤー

デビュー９戦目となるシルクロードＳで折り返し手綱と共に装着。見事一発回答でメイケイエールの能力を開花させ、以後は定番に。

エールとガンコの日常

～ガンコが見た悪夢～

ノーザンファームしがらき
メイケイエール担当・
秋山遥　厩舎長
(ガンコのお世話係)

あわわわわわ…
ここは俺の天敵・
メイケイエールの
馬房やにゃいかい！
こら、マジで
こっち来んな。
え〜い、キックキック！
ぬわ〜、足が届かにゃい。
キックが
ダメにゃら
パンチでどうだ。
猫パンチ！ていて
ダメだ〜。パンチも届かにゃい…。
てか、秋山早く手を離せよ！
ぬお〜。
武運は尽きたか。
こりゃもう
降参しかにゃい。
でも何か変だぞ…。
……って 夢か
にゃかにゃかの
悪夢だったわい

PHOTO

橋本健
（カバー表紙・そで両面・本体表紙・P01～21、P24、P28～30、P32～37、P40～45、
P57上段、P58 ～61、P64～65、P66～67、P68、P69上段、P69中段、P69下段右、
P70～71、P72下段、P74～77、P78～85、P86～91、P92、P94～95）

村田利之
（P38～39、P50下段、P51下段、P54下段、P55下段、P56、P57下段、
P62～63、P67下段左、P93下段）

競馬ブック
（P22～23、P25～27、P48下段、P50上段、P51上段、P52～53、P55上段、
P72～73、P82下段、P93中段）

日刊スポーツ新聞社
（P46～47、P48上段、P49、P93上段）

武英智厩舎
（P31、P63下段右、P69下段左）

ノーザンファームしがらき
（P94～95ガンコ写真）

メイケイエール
公式ファンブック

2023年10月1日　初版第一刷発行

編　　者　競馬王編集部

発 行 人　吉良誠二
編 集 人　赤佐敏隆
編集協力　太田尚樹（日刊スポーツ新聞社）、まいこ
カバー・表紙デザイン　雨奥崇訓

協　　力　名古屋競馬株式会社／武英智厩舎
ノーザンファーム／ノーザンファームしがらき

発 行 所　株式会社ガイドワークス
〒171-8570　東京都豊島区高田3-10-12
☎03-6311-7956（編集）　☎03-6311-7777（営業）
URL　https://guideworks.co.jp/

印刷・製本　株式会社暁印刷